LATITUD

Stephen Pumfrey

LATITUD

La verdadera historia del descubridor del magnetismo terrestre

Traducción de Alistair Tremps

Editorial EJ Juventud

Título original: *Latitude & the Magnetic Earth*

Provença, 101 - 08029 Barcelona
info@editorialjuventud.es
www.editorialjuventud.es

Traducción castellana: Alistair Tremps

Diseño y maquetación: Mercedes Romero
Primera edición, 2008
Depósito legal: B. 3.486-2008
ISBN 978-84-261-3584-1
Núm. de edición de E. J.: 11.058
Printed in Spain
A.V.C. Gràfiques, Av. Generalitat, 39 - Sant Joan Despí (Barcelona)

ÍNDICE

INTRODUCCIÓN

Vivimos en un mundo magnético. Mi nevera tiene imanes en los motores, en el termostato y en el cierre de la puerta, además de otros imanes decorativos en la puerta. El monitor, los discos duros y los accesorios del ordenador que empleo para escribir utilizan imanes, así como las válvulas e interruptores eléctricos, los teléfonos, los altavoces y los motores eléctricos, por no mencionar los escáner TAC y los aceleradores de partículas. Cada año se fabrican más de treinta gramos de imanes por cada habitante de la Tierra, aunque un habitante del opulento mundo occidental contará con cientos de imanes. La Tierra es un enorme imán natural y puedo navegar por su superficie empleando una brújula o compás magnético. Los astrofísicos han medido la fuerza magnética de otros planetas e incluso del espacio interestelar. Mientras escribo estas líneas, el Sol se aproxima al cenit de un ciclo de once años en la actividad magnética de las manchas solares. Las erupciones solares pueden distorsionar el campo magnético terrestre y hacer que mi brújula no sea fiable, además de inutilizar los sistemas de comunicación. A lo largo del siglo XXI es posible que los trenes maglev, o de levitación magnética, que viajan a 800 kilómetros por hora, reemplacen a los aviones y a sus excesos de contaminación. Sin embargo, también es posible que para entonces la radiación de los teléfonos móviles haya frito nuestros cerebros, ya que todos los átomos del universo, incluidos los que se encuentran en el tejido humano, básicamente son de naturaleza magnética. Como dijo en los años sesenta Diet Smith, el ayudante del héroe del cómic Dick Tracy, «¡Quien controla el magnetismo, controla el mundo!». Y el científico que creó el mundo magnético, cuyo nombre llegó a ser tan conocido como los de Copérnico y Galileo, era un médico de la era isabelina llamado William Gilbert.

No hace falta retroceder muchos años para llegar a una época anterior a nuestro universo magnético. Hace poco más de ciento cincuenta años, Michael Faraday descubrió la inducción electromagnética, y con ella sentó las bases de las dinamos y los motores eléctricos que impulsaron la revolución industrial. También desarrolló los conceptos del campo magnético y las líneas de fuerza. Hans-Christian Oersted no anunciaría la conexión entre el magnetismo y la electricidad hasta el año 1820. Antes de esa fecha, sólo se encontraban imanes en los compases náuticos, los equipos científicos para caballeros aficionados y a veces en un mineral natural de hierro llamado magnetita.

Durante el siglo XVIII, los aparatos magnéticos y eléctricos eran una parte preciada de los equipos científicos adquiridos por europeos de clase adinerada como artículos curiosos y novedosos. Les fascinaban las fuerzas extrañas, incluso mágicas, de atracción y repulsión que experimentamos al juntar dos imanes, o que permiten que un globo se adhiera a la pared por la electricidad estática. El héroe científico del siglo XVIII, sir Isaac Newton, había asegurado que el magnetismo era, junto con la gravedad y la electricidad, una de las fuerzas fundamentales de la creación divina. ¿Qué pasatiempo podía ser más edificante que el de conjurar una chispa divina? La gente estaba convencida de las similitudes entre los fenómenos eléctricos y los magnéticos. Luigi Galvani realizó un célebre experimento en el que logró impulsar el movimiento de una pata de rana al aplicar una corriente eléctrica a los nervios de su músculo. Poco después del descubrimiento anunciado por Galvani de la «electricidad animal», Franz Mesmer aseguró haber descubierto y conservado el «magnetismo animal». Durante un período se ganó muy bien la vida en París, curando a damas y caballeros de sus males (aunque prefería a las damas).

Newton había publicado su obra maestra, *Philosophiae Naturalis Principia Mathematica [Los principios matemáticos de la filosofía natural]*, un siglo antes en Londres, en 1687. Si retrocedemos otros cien años en la historia de Londres, la idea de que la Tierra misma era un imán no se había formulado aún. Sin embargo, en 1587 Londres vivía un auge de la fabricación de imanes para compases náuticos. El puerto de Londres era la base de la flota mercante en expansión y la flota naval inglesa. La Inglaterra isabelina se desarrollaba a un ritmo vertiginoso y pasaba de ser el páramo económico y cultural de Europa, a convertirse en una potencia imperial capaz de competir con las potencias que eran España y Francia. Se avecinaba la llegada de la Armada española en 1588, que acabaría en derrota para España. Gran parte de esta nueva potencia y confianza se debía a la destreza de los navegantes ingleses, cuyos compases náuticos se contaban entre los mejores del mundo. Sin embargo, si bien heroicos navegantes ingleses como Francis Drake se habían convertido en expertos en diferenciar entre el norte y el sur magnéticos, tenían tan poca idea como sus semejantes españoles sobre cómo y por qué funcionaban sus compases. En el año 1587 nadie sospechaba siquiera que la aguja del compás se alineaba con la fuerza magnética del planeta Tierra. Esta teoría tan aparentemente sencilla, con la que hoy estamos tan familiarizados, era algo casi impensable. Pero en algún momento de la década de 1580, el desconocido doctor Gilbert empezó a pensar lo impensable y a inventar el universo magnético.

La llegada de Gilbert al mundo científico fue tan fulgurante como ı de un cometa. Antes del año 1600, cuando publicó su única obra *De* *nete*, poca gente ajena a los círculos médicos londinenses había oído hablar de él. Pero *De Magnete* causó tal sensación que Gilbert se convirtió en el primer científico inglés moderno que adquirió renombre internacional. El impacto de esta obra no sólo se debió a la extraordinaria teoría propuesta por Gilbert y a sus aplicaciones, sino también a la novedad de los «sencillos experimentos que convencen a los sentidos», que empleó para demostrar su teoría. En aquella época, igual que en la actualidad, se esperaba que los científicos demostraran que su trabajo se basaba en conclusiones anteriores, publicadas y respetadas. Gilbert mostró una falta de consideración y de prudencia dignas de un revolucionario, cuando escribió en el prólogo de *De Magnete* que el mundo estaba:

> *Repleto de libros sumamente necios, en los que numerosos miembros del vulgo aseguran ser filósofos, galenos, matemáticos y astrólogos, mientras ignoran y condenan a los verdaderos hombres del saber... ¿Por qué debo someter esta noble y novedosa (por incluir muchos conceptos inauditos hasta el momento) filosofía al juicio de hombres que han jurado seguir opiniones ajenas, a los corruptores más inconscientes de las artes, a payasos literatos, a gramáticos, sofistas, lenguaraces y demás insensatos, para que me denuncien, despedacen y embistan con contumelia. Sólo a vosotros, filósofos verdaderos, mentes ingeniosas que no sólo buscáis la verdad en los libros sino en la realidad, os entrego estas bases de la ciencia magnética, un nuevo modelo de filosofía.*

Este nuevo modelo permitió a un desconocido médico de Colchester, de cuya ópera prima sobre un mineral misterioso sólo se habían publicado unos centenares de ejemplares, convertirse en una fulgurante estrella del mundo científico. En 1602, en Venecia, Galileo respondió con entusiasmo, y su amigo Giovanni Sagredo escribió a Gilbert para informarle de lo emocionados que estaban. En 1603, el astrónomo alemán Johann Kepler declaró «Ojalá tuviera alas, para poder volar a Inglaterra y conocer a Gilbert». Este viaje de Kepler al páramo intelectual de Europa habrí sido en vano, porque la peste había segado la vida de Gilbert en 160 carta de Sagredo sería la única evidencia tangible que tendría de que *De Magnete* resultaba tan influyente como él esperaba.

Sin embargo, en la década de 1630 el impacto revolucionario de las ideas de Gilbert era evidente. Kepler las citó como base de su astronomía elíptica y el empleo que hizo de ellas Galileo se citó como prueba cuando le juzgaron por hereje. Los científicos católicos de la Compañía de Jesús habían emprendido acciones para desacreditarlas, mientras los navegantes oceánicos, incluidos algunos misioneros jesuitas, empleaban los novedosos instrumentos descritos en *De Magnete*, creyendo que las ideas de Gilbert permitirían determinar tanto la latitud como la longitud en alta mar. Científicos especializados en el estudio del magnetismo competían entre sí para obtener enormes premios estatales. Hasta la fecha, Gilbert aún es considerado el fundador de la ciencia del magnetismo, aunque aquel entusiasmo inicial de los astrónomos y navegantes que le dieron fama internacional se desvaneció hace muchos años.

Hoy vemos que Gilbert revolucionó de tres formas las ciencias dedicadas al estudio de la Tierra. En primer lugar, su concepción brillante de la Tierra como un enorme imán esférico tuvo un efecto fundamental. Su teoría geomagnética y las demostraciones experimentales que realizó se convirtieron en su legado más duradero para la comunidad científica. Gracias a una idea tan sencilla y a la vez completamente novedosa, Gilbert no sólo propuso una explicación racional del misterioso comportamiento de las agujas magnéticas de las brújulas y los compases, sino que descubrió un nuevo método para que los navegantes determinaran la latitud, e inspiró numerosos intentos de solucionar magnéticamente el problema de la longitud.

En segundo lugar, en el año 1600 Gilbert tuvo un efecto revolucionario al convertirse en uno de los pocos científicos que se alinearon con los principios cosmológicos de Copérnico. Además, Gilbert era el único entre aquellos creyentes en los movimientos de rotación y traslación de la Tierra, cuyas filas incluían a Galileo y a un joven Kepler, que proponía una causa física del movimiento terrestre: la fuerza magnética del planeta Tierra. Fueron precisamente estos revolucionarios principios físicos copernicanos de Gilbert los que le dieron mal nombre entre jesuitas e inquisidores. Evidentemente, las leyes formuladas por Isaac Newton sobre el movimiento y la gravitación reemplazaron el copernicanismo magnético de Gilbert, y algunos historiadores consideran que esto añade fascinación a la historia del científico: ¿cómo pudo un pensador tan avanzado equivocarse tanto?

La categoría de Gilbert como pensador moderno se refuerza con el tercer elemento revolucionario de su legado. Se ha descrito *De Magnete* como el primer tratado completamente experimental. El mismo Gilbert así lo consideró y a lo largo de su obra contrastó su método, en el que no aceptaba a priori ninguna verdad establecida sino que empleaba datos empíricos comprobados, además de diseñar cuidadosamente sus experimentos de laboratorio y describirlos con suficiente detalle para que los reprodujeran junto con el de sus predecesores. Criticaba sin piedad a la mayoría de sus contemporáneos y antecesores por comulgar ciegamente con las autoridades establecidas tales como el griego Aristóteles, así como por su recital reiterativo de habladurías e invenciones como si fueran hechos comprobados, como por ejemplo que el aceite de ajo debilitaba los imanes o incluso que la magnetita era capaz de detectar el adulterio. Por otra parte, también insinuó que la fuerza magnética animaba, o daba vida, a la Tierra.

Comprobamos que la revolución de Gilbert fue un proceso mucho más complejo e interesante que un sencillo triunfo de la moderna ciencia empírica. Aunque Gilbert hubiera «descubierto» el geomagnetismo como un «hecho empírico», cosa que sin duda no hizo, el mundo científico de su época no habría aceptado el geomagnetismo como elemento relevante del conocimiento humano del mundo. La filosofía de la naturaleza establecida y dominante en la era de Gilbert se basaba en las ideas de Aristóteles. Los teóricos aristotélicos contaban con una explicación completa sobre el elemento «tierra» y la Tierra como cuerpo. Los principios fundamentales de su teoría descartaban cualquier posibilidad de que la Tierra ejerciera un poder de atracción capaz de mover otros objetos de forma magnética o de desplazarse ella sola. Gilbert era plenamente consciente de estas ideas y creía que si era capaz de demostrar la existencia del magnetismo terrestre, habría rebatido el núcleo de la ciencia aristotélica. Entonces se necesitaría una nueva filosofía de la naturaleza y Gilbert también lo tenía previsto, gracias a la primera ciencia de la era moderna: su «filosofía magnética». Aquel médico de Essex no se limitó a iniciar una revolución científica con el peso de sus datos magnéticos, ¡concibió la revolución antes de recabarlos!

PRIMERA PARTE

ANTES DE LA REVOLUCIÓN DE GILBERT

Capítulo 1

¿QUIÉN ERA WILLIAM GILBERT?

En realidad, William Gilbert no era científico sino filósofo natural o filósofo de la naturaleza. La ciencia moderna evolucionó a partir de la filosofía de la naturaleza, hasta convertirse en una disciplina mucho más próxima a las matemáticas y a la tecnología, más alejada de la filosofía general y de la teología. La obra de Gilbert, especialmente el respeto que sentía por el conocimiento de los navegantes, jugó un papel en este proceso evolutivo, pero él aún era esencialmente un filósofo renacentista de la naturaleza, interesado en la gama de elementos empleados por Dios para crear nuestro universo ordenado. Para ceñirnos históricamente al concepto con el que se habría identificado Gilbert, le llamaremos filósofo natural o de la naturaleza y a la disciplina que creó, «filosofía del magnetismo».

Pocos filósofos naturales o científicos han dejado tan pocas pistas sobre su vida y sobre cómo desarrollaron sus ideas como Gilbert. Desde el año 1600, cuando *De Magnete* empezó a asombrar a lectores como Johann

Kepler o Galileo, hubo gente interesada en averiguar quién era «William Gilbert de Colchester, médico en Londres», como aparecía descrito en la portada. ¿Quién podía ser este individuo, que había ideado una nueva ciencia de la Tierra, demostrado el poder de la investigación experimental y que había explicado por qué se movía la Tierra? De Londres no había salido jamás un filósofo natural reconocido internacionalmente y en cuanto a Colchester, ni siquiera aparecía en la mayoría de los mapas de los sabios europeos.

Algunas cosas han cambiado. Hoy Colchester saca provecho de la fama de Gilbert; su hogar, Tymperley's, se ha convertido en un museo, el ayuntamiento está decorado con retratos (incluso la portada original de su libro), una estatua del científico, y una escuela de la población incluso lleva su nombre. Sin embargo, Gilbert sigue siendo un misterio. Ojalá hubiera publicado una retahíla de títulos desde su juventud hasta la vejez, como lo hizo Kepler, pero sólo nos dejó *De Magnete.* Ojalá hubiera dejado montones de manuscritos, cartas y aparatos, como lo hizo Galileo, pero la mayoría de sus efectos personales se perdieron en el gran incendio de Londres. Ojalá hubiera pertenecido a alguna academia científica o red de correspondencia, como Robert Boyle o René Descartes, pero nació cincuenta años antes de que éstas aparecieran. Ojalá hubiera aparecido algún diario explícito y lleno de chismes, como el que escribió Robert Hooke. Ojalá hubiera sobrevivido a la gran peste de 1603 para debatir y explicar sus ideas.

El aura de misterio que rodea al genio científico de la reina Isabel I ha contribuido a su leyenda. Historiadores anteriores decidieron que era sencillamente eso: un genio que misteriosamente había logrado trascender a la era isabelina, adelantándose a la llegada de la ciencia moderna y experimental. Todas las ortodoxias pasajeras han recurrido a *De Magnete* como ejemplo de buena práctica científica: han señalado a Gilbert como un inductivista porque se ceñía «a los hechos, sólo a los hechos» del magnetismo experimental; le han descrito como materialista, porque transformó en ciencia los métodos prácticos de los artesanos; incluso le

Ilustración 1: **Retrato de William Gilbert (1544-1603)**

Conocemos el rostro de Gilbert con tan poca certeza como otros aspectos de su vida. Este grabado de finales del siglo XVIII *que le muestra a los cuarenta o cincuenta años de edad es el único retrato fiable del que disponemos. Se realizó a partir de un original que hoy está perdido, que posiblemente fuera el mismo que estuvo expuesto en la universidad de Oxford a mediados del siglo* XVII. *La mano de Gilbert descansa sobre un globo, simbolizando su interés por la Tierra y por la navegación. Compárese con el retrato de Francis Bacon* (Ilustración 14).

han llamado deductivista hipotético, porque diseñaba experimentos para demostrar hipótesis audaces. Que tantas corrientes dispares hayan adoptado a Gilbert refleja la complejidad de su obra y su legado.

En lo que respecta a su biografía, ha habido numerosos intentos de trenzar los pocos hilos que se conservan de su vida hasta convertirlos en narrativas plausibles. Algunas de las versiones que alimentan la leyenda de Gilbert han afirmado que descendía de un distinguido linaje aristocrático, que salió de Inglaterra en busca de conocimientos, que cursó estudios de medicina en Italia, que conoció a Galileo, que conservó la soltería para dedicarse exclusivamente a la ciencia, o que la reina Isabel I financió personalmente sus investigaciones. Afortunadamente, aun después de descartar estas fabulaciones, se conservan datos suficientes para comprender un poco mejor a un revolucionario de la filosofía de la naturaleza.

William Gilbert de Colchester y Cambridge

William Gilbert descendía de una antigua familia de la pequeña nobleza en la región inglesa de East Anglia. Aunque Gilbert admiraba y dependía del trabajo de navegantes, fabricantes de instrumentos y trabajadores del metal, sólo los autores adinerados como él lograban publicar sus ideas en una sociedad tan jerárquica como la Inglaterra isabelina. Pasaría un siglo antes de que alguien surgido del artesanado lograra aceptación como filósofo de la naturaleza y otros cien años más hasta que un aristócrata se dignara a ensuciarse las manos con la experimentación científica. Cuando Gilbert aseguraba que los artesanos tenían una comprensión más profunda de la naturaleza que los filósofos universitarios, su postura desprendía cierto aire de radicalismo social.

El comercio textil era un elemento importante de la economía en la región inglesa de East Anglia y el abuelo paterno de Gilbert era un tejedor lo bastante ilustre como para que le designaran «costurero de cámara» durante el reinado de Enrique VIII. Los Gilbert se beneficiaron de la expansión considerable de la pequeña aristocracia durante la era de los Tudor. Había más riqueza, más plazas en las universidades de Oxford y Cambridge, más posiciones profesionales y más caminos para acercarse a los centros de poder de la corte real y de Londres en general. Tanto Gilbert como su contemporáneo Francis Bacon, otro cortesano y reformista científico, supieron aprovechar estas nuevas oportunidades. El padre de Gilbert, Jerome Gilberd (así solía escribir la familia el nombre) empleó la fortuna adquirida por su padre para formarse como jurista y trasladó a la familia a Colchester, donde se convirtió en un juez menor de la localidad.

La principal contribución de Jerome consistió en poblar la región entre los condados de Essex y Suffolk con una camada de Gilberds saludables. William fue el primero de cuatro hijos de su primer matrimonio, al que siguieron nueve hijos de su segunda esposa, la acaudalada Jane Wingfield. Desafiando las tasas de mortalidad infantil que prevalecían en la época, ocho de aquellos nueve hijos llegaron a adultos y se casaron. Por otra parte, Gilbert permaneció soltero y siempre se mantuvo cercano a su familia, especialmente a sus medio hermanos Ambrose y William hijo.

Ambrose y William erigieron un monumento dedicado a su hermano ilustre en la iglesia de la Santísima Trinidad, en Colchester. La inscripción del monumento declara que «falleció en el año 1603 de la Redención Humana, el último día de noviembre, a los 63 años de edad». Muchos estudiosos han deducido de esta inscripción que Gilbert nació en el año 1540, pero es muy probable que incluso este dato sea erróneo y que la fecha correcta de su nacimiento sea 1544. De adulto, alguien preparó una carta astral de Gilbert con el 24 de mayo de 1544 a las 14.20 como fecha y hora de su nacimiento. El año 1544 encaja mejor con otros acontecimientos de la vida de Gilbert, pero no se han conservado los registros bautismales y ni siquiera conocemos con certeza este primer dato biográfico.

Como hijo primogénito de un profesional en auge, Gilbert recibió la educación que necesitaría para consolidar la posición de su familia. Encargaron su formación a los profesores de St John's College de Cambridge en 1558, a la edad habitual de catorce años (si suponemos que nació en 1544). En la época en que lo conoció Gilbert, Cambridge era un lugar pequeño, muy tradicional y francamente atrasado en comparación con ciudades universitarias más efervescentes como París, Padua, o la protestante Basilea. A pesar de la presencia de reformadores como John Caius, la carrera de medicina estaba especialmente anquilosada. Cualquier médico con ambición intelectual acudía a escuelas de medicina foráneas, especialmente a la de Padua, en la que se matriculó en 1600 William Harvey, licenciado en la facultad de Caius. Cuando adquirió renombre, mucha gente supuso que Gilbert había hecho algo parecido, pero en realidad los registros académicos demuestran que permaneció en Inglaterra. Se licenció en 1561, consiguió una maestría en 1564 y se doctoró en Cambridge en el año 1569. Sus resultados académicos fueron lo bastante buenos como para que en 1561 le invitaran a formar parte del cuerpo docente de St John's. En 1565 y 1566 ejerció como examinador matemático y el 1570 le nombraron administrador de la facultad. Parecía esperarle una carrera académica, quizá como profesor en la facultad de medicina, pero decidió no seguir en Cambridge. Todos sus escritos posteriores sugieren que Gilbert detestaba el estilo academicista y la filosofía natural que dominaba el ambiente de Cambridge.

La educación universitaria en Cambridge era sumamente conservadora. Su objetivo era el de inculcar a los estudiantes los principios de las grandes autoridades clásicas: Aristóteles en la filosofía, Ptolomeo en la astronomía y Galeno en el campo de la medicina, junto con los de sus comentaristas más recientes. Aunque ya existían textos impresos a precios asequibles, persistía la costumbre medieval de los «lectores», que recitaban obras en voz alta para que los alumnos las copiaran y las estudiaran. En los estatutos académicos se establecían multas para todo aquel que criticara a estas autoridades encumbradas.

Sin embargo cuando Gilbert llegó a Cambridge, la universidad había empezado tímidamente a adoptar algunas de las reformas introducidas durante el renacimiento por los centros académicos italianos. Se empezaba a dar más importancia a los textos originales en griego y es probable que Gilbert los leyera. Una difusión más extensa de algunos textos modernos y de obras recuperadas de la antigüedad ampliaba la gama de fuentes disponibles, aunque aún se consideraba a Aristóteles la máxima autoridad en la filosofía de la naturaleza. La docencia también empezó a centrarse más en sus objetos de estudio y menos en el análisis minucioso de las obras de Aristóteles, renglón por renglón. Sin embargo, el magnetismo apenas se mencionaba y desde luego no era un tema de estudio.

Durante su primer año en la facultad de letras, a Gilbert le habría tocado estudiar los temas «triviales»: la gramática, la retórica y la dialéctica, a la vez que habría empezado con el cuarteto de asignaturas matemáticas: la aritmética, la geometría, la astronomía y la música. Los estudios de filosofía de la naturaleza empezaban en el segundo curso. Aún faltaban 150 años para que la consideraran una asignatura universitaria fundamental, pero ya se le concedía una mayor importancia que a las matemáticas, ya que trataba de los hechos y las causas que originaban el mundo natural. Según la creencia generalizada, las matemáticas eran capaces de describir pero no de explicar fenómenos como el movimiento de los planetas. Para un futuro clérigo, médico o funcionario ilustrado se consideraba más importante llegar a conocer las causas naturales de las cosas. El último año de la licenciatura era el más serio de la carrera e incluía asignaturas como la ética, la metafísica y la teología. A partir de este punto, Gilbert habría recibido una bibliografía ampliada sobre la que se basaría el examen de su maestría.

Ahora necesitaba elegir una profesión. En las facultades de teología, derecho y medicina tenía tres opciones. A juzgar por sus críticas posteriores hacia los teólogos, no parece que Gilbert tuviera madera de religioso, y por otra parte, la medicina parecía atraerle más que el derecho, que era la profesión de su padre. Los médicos (o como se les solía llamar entonces, físicos) tenían fuertes vínculos con la filosofía de la naturaleza. En realidad, el nombre de físicos procedía de *physica,* un sinónimo en latín de la filosofía natural; los galenos debían tener un conocimiento profundo de la «física» o la ciencia del cuerpo humano. Es posible que la formación de Gilbert en el campo de la medicina teórica sentara las bases de su desacuerdo con la doctrina convencional de la materia, especialmente con la teoría aristotélica de los cuatro elementos y su correlación con el calor, el frío, la humedad y la sequedad.

Cuando nombraron a Gilbert miembro del personal docente, es probable que tuviera que enseñar en sus clases las obras de Aristóteles sobre la filosofía de la naturaleza, como *Del cielo* o *Meteorología*. Éstos son los dos únicos libros que sabemos con certeza que se encontraban en la biblioteca de Gilbert. Sus deberes como examinador de matemáticas no eran muy exigentes, ya que la asignatura se impartía en el primer año y era la cenicienta del programa de estudios. A pesar de la capacidad que había desarrollado, los compañeros de Gilbert no apreciaron su dominio de la astronomía, la rama más elevada de las matemáticas. Esto no es de extrañar, considerando que su visión conservadora del valor respectivo de las matemáticas y de la ciencia de la naturaleza era un fiel reflejo de los valores académicos tradicionales. Lo más sorprendente es que un copernicano mostrara una actitud tan indiferente hacia esta ciencia.

A pesar de su opinión conservadora de que las matemáticas no explicaban nada, en algún momento Gilbert empezó a cuestionarse la filosofía ortodoxa de la naturaleza que dominaba en aquel momento. Hay indicios de que a finales de la década de 1560, Gilbert empezó a albergar serias dudas sobre algunas teorías aristotélicas y a desarrollar su propia investigación. El elemento central de sus dudas fue la *Meteorología* de Aristóteles. La meteorología aristotélica se dedicaba a estudiar la «esfera» del aire. Al igual que la meteorología actual, se ocupaba de los fenómenos atmosféricos que afectaban al aire, sus movimientos y las sustancias que contenía, como vapor de agua o materia ígnea. Recurría a la teoría general aristotélica de la materia para explicar los vientos, las nubes, los arco iris y demás fenómenos celestes, como meteoros y cometas.

Gilbert se interesó en los vínculos entre el clima y la posición y la influencia de los planetas. Este interés reflejaba su formación como galeno; los médicos procuraban tratar a los pacientes cuando las cualidades atribuidas a cada planeta estaban en buena sintonía con las cualidades y el temperamento del enfermo. La primera obra de Gilbert fue un compendio de datos meteorológicos que empezó a recabar alrededor de 1569, correlacionados con datos astronómicos. Llegó a la conclusión de que las explicaciones ofrecidas por Aristóteles eran incorrectas y que se precisaba una nueva meteorología. Había iniciado su revuelta. En la década de 1580 Gilbert había escrito «Una nueva meteorología, en oposición a Aristóteles», donde criticaba las doctrinas de los elementos y las cualidades.

Doctor Gilbert, médico londinense

Diez años antes, Gilbert había realizado el mayor cambio profesional de su vida. Durante la década de 1570, las facultades de Cambridge y Oxford estaban repletas de jóvenes con talento que deseaban ir a Londres en busca de oportunidades más emocionantes. Uno de los motivos de este éxodo intelectual era la corriente del humanismo cívico. Durante la era isabelina, algunos progresistas tenían la esperanza de equiparar el pensamiento en Inglaterra con el Renacimiento europeo. Eran defensores de la *vita activa,* una vida de actividad en la que ponían su trabajo y su talento al servicio de poderosos comerciantes o gobernantes, para beneficiar al Estado y a la vez cosechar fama y distinción. Llegaron a despreciar la *vita contemplativa,* personificada por unos académicos conservadores que aseguraban saber de todo, pero que no eran capaces de emplear esos conocimientos para fines prácticos. Los valores que reinaban en las universidades de Oxford y Cambridge, con su devoción por las autoridades clásicas, las minucias del debate escolástico, la mezquindad y el aislamiento de la vida en las facultades, servían de muy poco en el nuevo centro de actividad: la ciudad de Londres y su corte real.

Gilbert se unió a este éxodo intelectual para establecerse como médico, quizá con la intención de hallar la libertad, el tiempo y los recursos necesarios para continuar con su revuelta intelectual contra Aristóteles. En la Europa continental había obras muy respetadas de filosofía natural escritas por galenos eruditos, pero ningún médico inglés anterior a Gilbert había logrado dejar huella.

Su vida durante la década de 1570 es un completo misterio. La inscripción de su hermano es el único indicio de que se dedicaba a la medicina en Londres. Sin embargo, en 1577 había prosperado lo suficiente como para que el Consejo de Heraldos le concediera un escudo de armas, como muestra de su hidalguía (el escudo podía tratarse de un honor espurio, pero siempre reflejaba un pago considerable al consejo). En 1580 reaparece como médico consumado y de éxito.

Londres era el terreno más fértil para un galeno, pero la encargada de distribuir y repartir los beneficios potenciales era el Colegio (hoy Real Academia) de Médicos. Se había fundado durante el reinado de Enrique VIII para organizar y regular a la cohorte de galenos, médicos autoproclamados, boticarios, barberos cirujanos, curanderas, mercachifles de remedios caseros y demás charlatanes que competían para tratar a los cientos de miles de almas que habitaban la ciudad, con sus respectivos cuerpos. Los más privilegiados eran los escasos cuarenta médicos que no sólo contaban con licencias del Colegio, sino que habían sido elegidos miembros. Ni siquiera en los completos archivos de la Real Academia consta la fecha en la que ingresó Gilbert, pero en 1581 inició un período de nueve años como censor de la organización médica. En Londres, los censores eran una especie de policías médicos que se dedicaban a comprobar títulos y prácticas profesionales; se encargaban de llevar ante los juzgados a las curanderas, de multar a los boticarios por inmiscuirse en el terreno del diagnóstico (que era exclusivo de los galenos) y también de presentar a los aspirantes a médico ante un tribunal de examinadores.

Para llegar a una posición tan destacada, Gilbert tuvo que contar con el apoyo de algún mecenas importante. Nadie, desde los más humildes fabricantes de instrumentos náuticos hasta los nobles de mayor alcurnia, pasando por médicos o miembros del clero, podía adquirir poder y riqueza sin contar con benefactores. Para Gilbert, que aspiraba a convertirse en un médico de éxito, aún sería más necesario contar con la ayuda de algún mecenas. Después de tomar muestras de orina de sus pacientes, examinar sus llagas de la sífilis, o darles consejos sobre la alimentación y la higiene personal, los médicos conocían íntimamente a estos poderosos clientes y a sus familias. Era esencial que la habilidad, el trato y la discreción de un galeno vinieran recomendados por alguien de confianza, máxime cuando era habitual que los nobles confiaran secretos a sus médicos particulares.

Esta carta de 1582 revela que Gilbert se había reunido con un paciente, recomendado por el conde de Shrewsbury:

> *He creído oportuno enviaros esta misiva* [sobre cuestiones financieras] *con la confianza de que la mantendréis a buen recaudo. Este caballero, el doctor Gilbert, llegó recomendado por la corte y por mi estimado señor de Leicester... Me ha hablado de un pan bizcochado que no preparan los boticarios comunes, además de una gasa que ha prometido enviarme, para tratar mi gota. Aseguraos de recompensarle con generosidad porque, a juzgar por el trato que he tenido con él, es un hombre sensato; os recomiendo que entabléis una cordial relación con él.*

Gilbert había logrado triunfar como médico y a lo largo de los siguientes dieciocho años obtendría un éxito tras otro, hasta culminar su trabajo en el año 1600. Protagonizó un ascenso fulgurante en la jerarquía del Colegio de Médicos y ocupó todos los cargos importantes de la organización, hasta convertirse en presidente en 1600. Sin embargo, Gilbert aún no había publicado nada y es probable que ninguno de sus contemporáneos en la academia, excepto sus amigos más íntimos, conociera su poca fe en la autoridad de Galeno.

Durante este período, su círculo de pacientes nobles se amplió hasta incluir a personajes tan ilustres como William Cecil, lord Burghley, el político de más confianza de la reina Isabel. Gilbert atendió a un Cecil moribundo y a su esposa, antes de convertirse en el médico particular de su hijo Robert, instruido por Cecil para convertirse en su sucesor político. Sin embargo, si Gilbert hizo algún intento de interesar a sus patronos en la filosofía del magnetismo, estos esfuerzos no tuvieron éxito. Al igual que los médicos, los defensores de teorías revolucionarias sobre la filosofía de la naturaleza también necesitaban el respaldo de poderosos valedores. La intervención de un mecenas de la nobleza les permitiría conseguir un cargo en el que dispusieran de tiempo libre para investigar y ese mismo mecenas les financiaría las publicaciones y les escudaría de las críticas. A cambio, el patrono recibiría una dedicatoria lisonjera loando su criterio, así como una parte de la gloria si las ideas del intelectual en cuestión triunfaban.

De Magnete fue una excepción insólita, que carecía de dedicatoria y de referencia a patrono alguno. Sólo incluía una referencia muy crítica con:

> [aquellos autores] *que escriben obras indignas de publicarse; que saquean libros y se apoderan del trabajo de otros autores, antes de acudir suplicando a los mecenas, o de labrarse una reputación entre los jóvenes y sin experiencia; que parecen transmitir una y otra vez enseñanzas erróneas en cada campo de la ciencia, añadiendo de vez en cuando un error de cosecha propia.*

¿Serían éstas las palabras de un individuo resentido, después de toparse con unos cortesanos isabelinos demasiado estrechos de miras para asimilar y apoyar la filosofía del magnetismo? ¿O reflejaban quizá el radicalismo auténtico de alguien que se negó a ajustar sus ideas al sistema de valores escolásticos y humanistas imperantes? Gilbert parecía estar encantado con la idea de que su trabajo fuera demasiado polémico para los mecenas de la época. En cualquier caso, sus palabras contribuyen a la impresión de que Gilbert llevaba una doble vida: conformista en lo social, pero revolucionario en el campo intelectual.

Gilbert y los navegantes

Antes de su ataque a los académicos que buscaban el apoyo de mecenas, Gilbert citó una lista de lo que él consideraba «hombres sabios»:

El erudito Thomas Hariot, Robert Hues, Edward Wright, Abraham Kendall, todos ellos ingleses; otros han inventado y publicado instrumentos y métodos de observación magnética, necesarios para los navegantes y para todo aquel que desee realizar largos viajes: por ejemplo William Borough en su obra breve The Variation of the Compass, *William Barlo*[w] *en su* Supplement, *o Robert Norman en su obra* New Attractive; *éste es el mismo Robert Norman, experto navegante e ingenioso inventor, que fue el primero en descubrir la inclinación de la aguja magnética.*

Esta lista de los mejores expertos en navegación y matemáticos prácticos de la era isabelina revela que Gilbert buscaba inspiración e información más allá del mundo intelectual, habitado por médicos y filósofos de la naturaleza.

Es probable que Gilbert desarrollara sus ideas sobre la Tierra magnética a principios de la década de 1580 pero entonces no era más que una idea, sin evidencia que la respaldara. Las personas más idóneas para confirmar su teoría eran los que más sabían de magnetismo, los citados expertos y conocedores de los compases y las brújulas. En marzo de 1588, los conocimientos médicos de Gilbert le ofrecieron una ocasión inmejorable para conocerles. Inglaterra se enfrentaba a la probable invasión de la Armada del rey español Felipe, que amenazaba con llegar en cualquier momento. Las fuerzas navales de la reina Isabel estaban listas, pero la marinería sufría muchas bajas por enfermedad. Los consejeros de la reina recurrieron al Colegio de Médicos:

Para curar a los enfermos y evitar más contagios, sus señorías creyeron conveniente enviar allí a algunos médicos eruditos y con talento; y a ese fin sus señorías recibieron informes positivos sobre los conocimientos y la aptitud de los doctores Gilbert, Marbeck, Browne y Wilkinson, considerados individuos idóneos para servir a la Armada, cuidando de la salud de los nobles, caballeros y demás miembros de esa fuerza.

Ilustración 2: **Retrato de Francis Drake (c. 1540-1596)**

Gilbert aseguraba haber consultado en persona a Drake, «nuestro más ilustre Neptuno», sobre el comportamiento de los compases magnéticos en el hemisferio sur. El bucanero y explorador Drake dirigió la primera circunnavegación del globo después del histórico viaje de Magallanes. Como vicealmirante, contribuyó a la derrota de la Armada española en 1588. Personificaba el orgullo que sentían los ingleses de la era isabelina, por su reciente supremacía naval.

El Colegio debía seleccionar a dos médicos para la misión, que recibirían «el pago que solicitaran», siempre que llevaran consigo «una cantidad suficiente de las drogas que precisen como medicinas para sus remedios».

¿Fue Gilbert uno de los seleccionados? No se han conservado pruebas documentales y no lo podemos afirmar con certeza, pero sabemos que llegó a desarrollar buenos contactos en las fuerzas navales. En *De Magnete*, Gilbert afirmaba con orgullo que algunos hechos «me fueron revelados y confirmados por el más ilustre de nuestros Neptunos, Francis Drake», y en otro pasaje mencionaba a «los más diestros capitanes navales españoles, ingleses y belgas, con quienes hemos conversado a menudo».

Gilbert aprendió todo lo que pudo de los expertos navegantes. Es probable que jamás se embarcara ni navegara con el compás magnético, pero a lo largo de las décadas de 1580 y 1590 acumuló mucha más información sobre los fenómenos geomagnéticos que cualquier otro filósofo de la naturaleza. Los colegas más importantes de Gilbert en este campo fueron dos de los autores que mencionaba: William Barlow y Edward Wright.

Al igual que el propio Gilbert, Barlow y Wright eran caballeros con una buena educación, atraídos por el Londres marítimo. La familia del reverendo Barlow era una fuente inagotable de obispos, pero William dedicó parte de sus energías a la navegación magnética y aunque en principio aborrecía el mar, en 1597 publicó *The Navigator's Supply*, que según la descripción del autor «contiene muchos elementos de suma importancia para la navegación y el empleo de diversos instrumentos diseñados principalmente para ese fin». Wright era un matemático de Cambridge al que reclutaron para la misión del conde de Cumberland a las Azores, en 1596. A su regreso, con un retraso considerable por las inclemencias del tiempo y los errores de navegación, se dedicó a estudiar el arte de la navegación para la Compañía de las Indias Orientales, en Londres. En 1599 publicó el resultado de sus estudios en *Certaine Errors in Navigation (Ciertos errores de navegación)*, que se mantendría como una de las mejores obras inglesas sobre el tema durante décadas.

Wright y Barlow creían que Gilbert llevaba años realizando experimentos y estudiando la filosofía del magnetismo antes de 1600. Según Wright, Gilbert había formulado la base de sus ideas a principios de la década de 1580. En 1597, Barlow declaró en su obra *Navigator's Supply* que

> *Después de intercambiar impresiones con un hombre de rara erudición, tanto en su campo de la medicina como en otros y variados menesteres, además de lo cual ha dedicado muchos años al estudio de las propiedades de esa piedra y ahora se dispone a publicar los frutos de sus estudios por el bien general, he desistido por completo en mis propios planes, al convencerme de que él será la persona más idónea para ocuparse de este asunto, ya que le considero un individuo sumamente instruido, mucho más que yo en esta materia.*

Las investigaciones a las que Gilbert había «dedicado muchos años» precisaron tiempo y dinero. Pocos estaban en posición de refutar la aseveración de uno de sus contemporáneos, el mago Giambattista della Porta, que aseguró que al frotar una aguja con un diamante, ésta también señalaría el norte. Sin embargo, Gilbert procedió a realizar el experimento «con setenta y cinco diamantes, en presencia de numerosos testigos», antes de refutar a Della Porta. Se encontraba en una posición cada vez más acomodada, ya que además de prosperar como médico había heredado parte de las propiedades de su padre.

Los años gloriosos

En la década de 1590, Gilbert disfrutaba de una vida acomodada en Wingfield House, una mansión próxima a la catedral de San Pablo que seguramente pertenecía a su madrastra. Se encontraba en el corazón de una zona repleta de libreros, fabricantes de instrumentos y oficiales de la corte. Además de algunos inquilinos, en la casa había espacio suficiente para que Gilbert instalara un laboratorio, una colección de curiosidades y una biblioteca, probablemente con una dotación de domésticos que cuidaban de sus necesidades y se ocupaban de los experimentos más pesados, como el fundido de hierro. Después de todo, un caballero y cortesano como Gilbert no podía ensuciarse las manos.

El más conocido de sus inquilinos fue John Chamberlain, un conocido escritor de cartas políticas repletas de detalles chismosos. La casa de Gilbert fue la base londinense de Chamberlain desde 1595 hasta 1601 y el doctor aparece en sus escritos un par de veces. Los esbozos de Chamberlain no cuadran mucho con los otros retratos de primera mano con los que contamos. Cuarenta años después de la muerte de Gilbert, su primer biógrafo Thomas Fuller localizó a un familiar que declaró que su mente tenía «la claridad del cristal veneciano, pero sin su fragilidad; sus perfecciones maduraron pronto y fueron duraderas». Fuller también cuenta que según otra versión, Gilbert era «estoico, sin ser cínico, palabras que parecen indicar que era reservado, pero no taciturno». Fuller aseguró que era «alto, jovial, con un carácter que no era habitual en alguien tan erudito y estudioso».

Es probable que esta descripción se ajustara a la imagen que tenía Fuller del único filósofo natural mundialmente famoso nacido en Inglaterra. Sin embargo, a través de las palabras de Chamberlain vislumbramos a un Gilbert más próximo al autor mordaz de *De Magnete:* sociable, simpático, aferrado a sus opiniones de política y de religión, y sin duda cínico en el sentido actual de la palabra. Sus comentarios sobre los planes de un cortesano que esperaba enriquecerse de la noche a la mañana, en una expedición en busca de oro español, fueron cáusticos: Gilbert afirmaba que bastaría con «una rata bien ensillada» para cargar con todo el botín que conseguiría en la expedición. En 1612 estalló el escándalo, cuando un predicador denunció que en la corte del rey Jacobo I se practicaba abiertamente la fe católica; Chamberlain comentó que «nunca es bueno *irritare crabrones,* o alborotar a estos avispones del púlpito, como solía llamarles nuestro doctor». Desgraciadamente, estos fragmentos aislados no bastan para redactar una biografía.

Por otra parte, algo que sí sabemos es que cuando llegó su año prodigioso de 1600, Gilbert había logrado cierta prosperidad: tenía una mansión en la ciudad, la casa solariega de Tymperley's, en Colchester, y otras nueve propiedades sustanciosas con tierras en la región de East Anglia. Su consultorio médico le llevaba a recorrer los tribunales, a visitar a sus pacientes nobles en toda la ciudad, a los muelles y al Colegio, pero también le dejaba mucho tiempo libre. No estaba casado, tenía pocas obligaciones familiares y contaba con un círculo de conocidos expertos, con los que contaba para perfeccionar su manuscrito sobre la filosofía del magnetismo.

En el año 1600, los miembros del Colegio de Médicos le nombraron presidente de la institución. En febrero de 1601 llegó una llamada de la reina, que le instaba a dejar Wingfield House para instalarse en la corte. Entre esas dos fechas había enviado *De Magnete* a la imprenta, que se encontraba a unos cientos de metros de su casa, en el taller de Peter Short en la calle Bread, cerca de la catedral de San Pablo. Gilbert sabía que su libro era una obra explosiva y es posible que quisiera asegurarse de la solidez de su carrera antes de publicar unas ideas que no contaban con patronos influyentes.

También escasean los datos sobre los pocos años que vivió Gilbert después de la publicación de *De Magnete*. Atendió a la reina Isabel hasta la fecha de su muerte, en abril de 1603; Chamberlain asegura, citando a un testigo que debía de ser el mismo Gilbert, que la reina rechazó la presencia de los médicos en su lecho de muerte. Jacobo I le contrató de nuevo, a pesar de que la contratación por parte del siguiente monarca no era en absoluto un paso automático para los médicos de la corte. Colaboró con matemáticos londinenses para desarrollar las aplicaciones de su filosofía del magnetismo para la navegación. Intercambió cartas con William Barlow, que a fin de fortalecer su propia imagen como filósofo del magnetismo, publicó la única carta de Gilbert que se conserva, en la que el científico encomiaba el trabajo de su colega. En estas cartas, Gilbert informaba a Barlow que seguía con su investigación del magnetismo,

Ilustración 3: TYMPERLEY'S

La casa de Tymperley's era el hogar de los Gilberd en Colchester y Gilbert la heredaría. Hoy se mantiene en pie parte de esta magnífica residencia de estilo Tudor, donde se ha instalado un museo de la relojería. Su mansión londinense, Wingfield House, se quemó en el gran incendio de 1666. Cuando falleció, el doctor Gilbert era un hombre acaudalado y con múltiples propiedades.

además de proponer un apéndice para *De Magnete* y revelar que había recibido una epístola de Giovanni Sagredo, que «asegura haber apreciado sobremanera mi libro». Éste es el único indicio que tenemos de que Gilbert fuera consciente antes de morir, durante una epidemia de la peste el 30 de noviembre de 1603, del revuelo que había ocasionado *De Magnete* entre los filósofos de Europa continental.

Capítulo 2

NAVEGANDO POR LA TIERRA MAGNÉTICA

Según la Historia natural de Plinio el Viejo, el descubrimiento del magnetismo tuvo lugar cuando un pastor de la Grecia antigua llamado Magnes comprobó que una roca atraía los clavos de hierro de sus botas y la contera de su cayado. William Gilbert daba tan poco crédito a esta leyenda como le daríamos nosotros, pero ¿acaso sabemos mucho más que Magnes sobre el magnetismo? Al jugar con dos imanes, nos maravillamos ante su poder de atracción y de repulsión. Desde la antigua Grecia hasta el Renacimiento, los imanes se consideraban afines a otra misteriosa maravilla de la naturaleza: el ámbar de resina. Después de frotarlo, el ámbar atraía broza y briznas de paja, en un caso natural de la atracción electroestática que hoy generamos con plásticos y cauchos artificiales.

¿Qué es el magnetismo?

Los científicos actuales saben que el magnetismo y la electricidad son una constante en toda la materia. Al igual que los atomistas griegos, que creían que la magnetita y el ámbar emitían partículas «pegajosas», los científicos modernos también los consideran dos manifestaciones de un mismo fenómeno, llamado electromagnetismo. No deja de ser irónico que Gilbert, considerado el padre de la ciencia moderna del magnetismo y de la electricidad, se esforzara tanto en demostrar lo diferentes que eran; por otra parte, de no haberlo hecho jamás habría demostrado el magnetismo terrestre.

A pesar de la sofisticación de la teoría electromagnética, muy en el fondo nadie sabe aún qué es exactamente el magnetismo. Los físicos han teorizado que se debe a una partícula fundamental, el monopolo magnético, pero ningún acelerador de partículas construido hasta la fecha ha logrado detectar este equivalente magnético del electrón. Por el momento, sólo sabemos con certeza que todos los imanes tienen un polo norte y un polo sur (es decir, que los imanes son dipolos).

Gracias a William Gilbert, sabemos que la Tierra es un imán. En dibujos infantiles se representa a nuestro planeta como una bola enorme con un gran imán en su interior. Gilbert ya sabía que esta representación era una simplificación excesiva; el modelo dipolo no pasa de ser una aproximación, pero gracias a los navegantes isabelinos y a sus conocimientos del compás náutico, Gilbert sabía que la realidad era mucho más compleja. En realidad, la ciencia geomagnética moderna ha revelado que el interior fluido de la Tierra es el sistema magnético más complejo que se conoce.

A la escala mucho más reducida que representan los átomos, hoy sabemos que algunos elementos son dipolos en miniatura. Entre éstos, el hierro es un caso especial, no sólo porque sus átomos sean dipolos, sino porque pequeñas cantidades de estos átomos (unos 10.000.000.000.000.000) se agrupan de forma alineada, para producir una especie de isla magnética o «dominio» microscópico en un pedazo del metal macizo. Evidentemente, la mayoría de los fragmentos de hierro no son imanes, ya que los dominios están alineados en direcciones dispares y se cancelan entre sí, con un «momento magnético» cero. Pero el hierro muestra una cualidad extraordinaria al introducirlo en un campo magnético fuerte: el campo externo alinea los dominios y éstos permanecen alineados aun cuando ya no se encuentran dentro del campo. El hierro no es el único elemento con esta susceptibilidad especial, pero es el más abundante. Además, los humanos hemos dominado la técnica para fundir hierro a partir de su mineral desde el año 1500 a.C. En tiempos de Gilbert, los únicos imanes conocidos eran los de hierro y los de minerales ferrosos (si descontamos la creencia, que él se encargaría de refutar, de que los diamantes eran capaces de magnetizar el hierro, o la teoría de que había muchos elementos, entre ellos los órganos del cuerpo humano, que poseían las mismas propiedades que la piedra magnética. ¿Cómo si no –argumentaban la mayoría de los médicos a excepción de Gilbert–, podía el sistema digestivo «atraer» los nutrientes hacia el cuerpo y «repeler» la materia tóxica y los deshechos?).

Pero el hierro fundido no permitía fabricar imanes permanentes. En el hierro puro, o blando, los dominios regresan uno por uno a una orientación aleatoria. Los navegantes de la era isabelina sabían que era necesario volver a imantar las agujas de sus compases cada cierto tiempo durante los viajes más largos. Para hacerlo, recurrían al único imán permanente con el que contaban: la magnetita o piedra imán.

Los potentes imanes permanentes empleados en la actualidad son de origen artificial. Se emplean aleaciones ultrasensibles como el Nd FE B (neodimio-hierro-boro), sometidos a fuertes campos electromagnéticos. Incluso los modestos imanes de nevera son 600 veces más potentes que el magnetismo terrestre. Sin embargo, en el pasado los minerales ricos en hierro, óxidos y sulfuros como la magnetita o la hematita, eran una fuente abundante de imanes naturales. En aquella época recibían el nombre genérico de piedras imán, aunque Gilbert distinguía entre varios tipos de mineral. Para los científicos actuales, el magnetismo permanente de la magnetita es una propiedad poco común de la materia. Gilbert opinaba que la magnetita era una sustancia única, en sus propias palabras «un verdadero esqueje de la madre Tierra».

Los imanes se fabrican de muchas formas y actualmente son habituales las de disco o de herradura. Gilbert creía que la forma ideal de un imán era la esférica, ya que la Tierra era una esfera. En los siglos XVII y XVIII, una piedra imán esférica era el plato fuerte de la colección magnética de cualquier caballero que se preciara. Hoy son piezas de museo, pero la mayoría de los físicos jamás han empleado un imán esférico. El imán de barra se ha convertido en la forma preferida en los laboratorios. Gilbert aceptaba que los imanes de barra tenían los polos más potentes, pero aunque los físicos no estén de acuerdo, habrá feministas que aprecien su insistencia en que la potencia magnética (que él comparaba con la atracción sexual) se distribuía por todo el cuerpo en vez de concentrarse en las puntas de aquellos lingotes fálicos.

Convencionalmente, las líneas de fuerza magnéticas, como las que supuestamente se veían en los ejercicios escolares al colocar limaduras de hierro en una hoja de papel con un imán de barra debajo, siempre fluyen entre los dos polos del imán. Al aplicarla a la Tierra, esta convención lleva a una paradoja. Por lógica, en la Tierra el polo norte del imán es el que señala el norte. Esta costumbre se estableció entre los navegantes mucho antes de que Gilbert determinara que la Tierra también era un imán. Por consiguiente, el polo norte de una brújula o una piedra imán debe tener la polaridad inversa a la del polo «norte» del planeta. Gilbert sostenía que la Tierra era el origen de todo el magnetismo e insistía en que el polo del compás que señalaba el norte era, en realidad, el polo sur del imán atraído por el verdadero polo norte de la Tierra. Sin embargo, la convención establecida se mantuvo y los científicos modernos, para quienes el magnetismo es un fenómeno universal que no se circunscribe al planeta Tierra, han aceptado la solución contraria. En realidad, el polo norte geomagnético de la Tierra es un polo sur, mientras que las líneas de flujo geomagnético se extienden de sur a norte alrededor del globo terráqueo.

Hoy sabemos que debido a su estructura interna, con un núcleo de hierro fundido y un manto sólido que varía en grosor y en composición mineral, la Tierra es un imán sumamente complejo. Pero desde el año 1400, los navegantes europeos han dado gracias al Señor por la existencia de las brújulas y los compases náuticos, que por motivos que parecían milagrosos, señalaban hacia el polo norte. Los primeros navegantes creían que las agujas magnéticas señalaban al norte verdadero, por alguna causa sencilla y directa. A partir de finales del siglo XIV, el mayor acicate para el estudio del magnetismo era la tentadora posibilidad de emplear imanes para determinar la posición, incluso para solucionar el famoso problema de la longitud. Sin embargo, aquellos navegantes estaban profundamente equivocados y tanto ellos como Gilbert aún tenían mucho que aprender sobre la orientación por magnetismo. Hasta el siglo XVIII no se descartaría definitivamente el magnetismo como método para determinar la posición exacta.

Latitud, longitud y meridianos magnéticos

Los términos empleados por los geógrafos, como polos, ecuador, paralelos de latitud o meridianos de longitud son meras invenciones matemáticas, dibujadas en los globos terráqueos o proyectadas sobre la superficie terrestre por la imaginación de un geógrafo. Ofrecen un sistema cómodo y preciso para establecer una parrilla de referencia, aunque la mayoría de los lectores lo entenderán mejor si digo que escribí este libro en Lancaster, al norte de Manchester, Inglaterra, que en los cincuenta y cuatro grados de latitud norte, tres grados de longitud este.

En tiempos de Gilbert, la inmensa mayoría de los matemáticos creían que el cielo giraba alrededor de la tierra y aquellos términos no reflejaban una realidad terrestre. La esfera de estrellas giraba a diario sobre su gigantesco eje, en sus polos celestiales. Estos puntos se encontraban cerca de la estrella Polar y de la Cruz del Sur, donde las órbitas diarias de las estrellas eran prácticamente inapreciables. En el centro de este universo se encontraba la Tierra, estacionaria. En los puntos en los que el gran eje celestial llegaba a la Tierra se encontraban lo que llamamos el polo norte y el polo sur, pero al ser la Tierra estacionaria, estos puntos no tenían importancia geofísica. Se consideraba que las esferas celestiales, el espacio, contaban con puntos polares unidos por un eje, en cuyo punto medio se encontraba el centro del universo. Según esta concepción, cualquier movimiento natural se podía clasificar como un desplazamiento en línea recta desde o hacia el centro, o un movimiento circular alrededor del eje celestial. Esta visión del espacio es muy diferente de nuestro concepto, basado en Newton, según el cual el espacio es igual en todas direcciones. Gilbert no comulgaba con la visión predominante en su época.

El ecuador era un gran círculo equidistante de ambos polos. Formaba un plano celestial que cortaba hasta el centro de la Tierra a noventa grados del eje. Por consiguiente, los puntos que se encontraban en el ecuador tenían una colatitud de noventa grados, o más habitualmente, una latitud de cero grados. Los otros paralelos de latitud, hasta llegar a los noventa grados norte y los noventa grados sur, indicaban el ángulo en el centro de la Tierra (y por consiguiente del universo) entre ese paralelo y el plano ecuatorial. Aún hoy, el modo más fácil de determinar la latitud en un punto del hemisferio norte (aparte de buscarlo en el atlas) es el viejo método de los navegantes, que observaban el ángulo de elevación de la estrella Polar desde el horizonte. Esto refleja el origen de los paralelos de latitud como proyecciones de fenómenos celestiales sobre la superficie terrestre. También refleja lo fácil que es, en teoría, hallar la latitud en cualquier punto. Sin embargo por fácil que pueda parecer, es sumamente difícil determinar este ángulo con cualquier grado de precisión a bordo de un barco en mares tormentosos y cielos nublados. No es de extrañar que Gilbert generara una enorme expectación cuando aseguró poder determinar la latitud gracias a una nueva clase de aguja magnética.

Los meridianos de longitud son semicírculos entre ambos polos (el círculo completo formado por dos meridianos recibe el nombre de gran círculo de longitud). A diferencia de la latitud, no hay ningún sistema sencillo para calcular la longitud a base de cálculos y observaciones. Esto fue el origen del «problema de la longitud», que centraría los esfuerzos de muchos personajes que aparecen en este libro. En el caso de distintos lugares que se encuentran en el mismo paralelo de latitud, por ejemplo

Lisboa y Nueva York, mientras aún es de día en Norteamérica, el sol se pone en Lisboa y las estrellas aparecen en sus posiciones habituales. Cinco horas más tarde pasa lo mismo en Nueva York al atardecer local: los cielos tienen exactamente el mismo aspecto, pero a horas diferentes, al igual que en todo el océano Atlántico.

En tiempos de Gilbert se sabía que una solución para el problema de la longitud sería llevar cartas de las estrellas y un reloj náutico de gran precisión, que permitiera determinar con exactitud la hora en el punto de salida. Sin embargo, tal como explica con tanta claridad Dava Sobel en su obra *Longitud,* no se superaron los obstáculos tecnológicos para construir un reloj de la precisión necesaria hasta mediados del siglo XVIII. La equivalencia de todos los meridianos explica por qué las naciones se disputaban cuál se debía identificar como el primero. Asimismo, también hubo conflictos entre Portugal y España para determinar el meridiano que separaría sus respectivos imperios. La preeminencia del meridiano de Greenwich (y de la hora de Greenwich) representó un triunfo para el imperialismo científico de la era victoriana.

Así era el patrón geográfico que prevalecía entre los matemáticos del Renacimiento. Nuestra visión del mundo es diferente, más parecida a la de Gilbert, un seguidor de Nicolás Copérnico. No son las estrellas sino la Tierra la que gira cada día. El eje y los polos terrestres son un resultado de la física de la misma Tierra, pero no hay ejes celestiales ni puntos polares privilegiados en el espacio exterior. Gilbert mantuvo que aunque era muy útil para localizar el norte, la estrella Polar en la Osa Mayor no tenía ninguna relevancia física o magnética especial por encontrarse cerca del polo. Si el eje de la Tierra se desplazara, otra estrella ocuparía su lugar.

En sus intentos de determinar la latitud y la longitud, los teóricos de la navegación esperaban que los compases náuticos revelaran la existencia de meridianos magnéticos afines a los geográficos. De existir tales meridianos magnéticos, una lectura o un cálculo bastarían para determinar con facilidad la posición geográfica. Con toda la razón, Gilbert y sus seguidores rechazaban esta idea, aunque no era descabellada.

En términos actuales, las líneas de flujo magnético que se extienden entre los polos terrestres también forman una especie de cuadrícula que recorre el campo geomagnético tridimensional. Fluyen desde el polo sur geomagnético hacia el polo norte; ambos polos están inclinados y se encuentran a gran profundidad. Allá donde se sitúe una brújula o un compás náutico, tratará de alinearse exactamente con las líneas de flujo. Éste fue el principio que inspiró un invento de Gilbert: el *versorium*. Un versorium era una pequeña aguja o perno de hierro montado sobre un punto no ferroso, que permitía a la aguja girar libremente en cualquier dirección. La dirección magnética que adoptaba era una compleja suma de vectores; la aguja no se comportaba como un fiel mastín de caza, tumbándose sobre la Tierra y señalando el norte verdadero.

En primer lugar, los polos de la Tierra se encuentran a unos 11º de su eje geográfico, de modo que las agujas no señalan el norte verdadero. Esta desviación magnética se define como el ángulo que separa el meridiano magnético del geográfico en cualquier punto de la superficie terrestre; en tiempos de Gilbert, solía recibir el nombre de variación o declinación magnética. Es imposible predecir el ángulo exacto de la desviación, porque el campo magnético de la Tierra no es uniforme.

Los navegantes llevaban décadas sospechando que existía algún fenómeno parecido a esta desviación y se convirtieron en los primeros expertos en comparar el meridiano magnético de sus compases con lecturas astronómicas del norte verdadero. Esto les permitía hacer las correcciones necesarias por la desviación, antes de seguir un rumbo de compás.

Si el campo geomagnético fuera perfectamente uniforme (no lo es) y los imanes apuntaran directamente al polo geomagnético (cosa que no hacen), la declinación magnética también sería un dato regular y predecible. Podemos imaginar un único gran círculo de longitud que conectara los polos geográficos y los geomagnéticos. Los dos meridianos magnéticos que formaran este círculo coincidirían exactamente con los meridianos geográficos. Para los navegantes, éstos serían los «meridianos verdaderos» en los que la desviación sería cero. Sin embargo, en otros puntos los meridianos magnético y geográfico formarían un ángulo y a medida que se navegara hacia el este o el oeste, esta desviación aumentaría. La consecuencia evidente de este patrón sería algo emocionante: la desviación magnética se correspondería con la longitud. La brújula y el compás náutico permitirían solucionar el problema de la longitud y como ventaja adicional, determinaría qué meridiano debían elegir los cartógrafos como el principal. Pero, ¡ay!, el dios del geomagnetismo no se mostró complaciente, aunque comprobaremos que fueron muchos los que creyeron en la validez de esta solución. El primero en desarrollar la teoría fue un francés: Guillaume de Nautonnier. La ilustración 13 muestra su cuadrícula interconectada de meridianos magnéticos y geográficos.

Otro problema era el componente vertical de la dirección magnética. La aguja de un compás se inclina por debajo del horizonte, porque las líneas de flujo raramente son paralelas a la superficie terrestre. Hoy sabemos que se inclinan hacia los polos subterráneos. Este componente se llama la «inclinación magnética» o inclinación de la aguja, un factor que desequilibra una aguja perfectamente equilibrada en el momento de imantarla. Los fabricantes de brújulas y compases llevaban años recalibrando con pragmatismo sus agujas hasta que Robert Norman, un contemporáneo de Gilbert, anunció en 1581 que la inclinación magnética era un fenómeno real. La teoría revolucionaria de Gilbert explicaría el fenómeno, pero no se limitaría a eso: demostró que la inclinación aumenta gradualmente desde los 0° cerca del ecuador (donde la latitud también es de 0°) hasta noventa grados en los polos. Dedujo que el ecuador y los demás paralelos de latitud tenían un origen magnético real. La aplicación práctica de estos resultados también fue revolucionaria: su inclinómetro permitiría determinar la latitud mediante el magnetismo.

Los datos empíricos que emplean los estudiosos actuales de la Tierra magnética son infinitamente mejores y más completos que los datos con los que contaba Gilbert. Han demostrado que la Tierra es un sistema magnético de una complejidad extraordinaria e incomprendida. Según el consenso actual, la rotación de la Tierra genera corrientes en el núcleo líquido y crea una especie de dinamo electromagnética. Las corrientes están distribuidas de forma más o menos simétrica alrededor del eje de rotación de la Tierra. De ser ésa toda la historia, supondría una reivindicación parcial de una teoría de Gilbert criticada desde el siglo XVIII, según la cual los polos magnéticos eran una propiedad necesaria de una Tierra en movimiento. Los teóricos de la dinamo citan una serie de factores, algunos de ellos seguros y otros más especulativos, para explicar por qué el campo magnético de la Tierra es un dipolo inclinado.

Algunos expertos creen que la teoría actual de la dinamo no tardará en reunirse con las demás teorías de una larga lista de simples curiosidades históricas. Si lo hace, el trabajo de Gilbert seguirá manifestando su importancia: él tuvo la genialidad necesaria para eliminar las complejidades superfluas y anunciar por primera vez que la Tierra era un imán enorme. Las comunidades de filósofos, astrónomos y navegantes brindaron su apoyo a esta idea revolucionaria, pero tal como comprobaremos, esto sólo fue una parte de su proyecto. Su mayor objetivo era el de derrocar las teorías aristotélicas del cosmos. Para entender sus motivaciones, debemos acercarnos al sistema filosófico en el que estudió Gilbert en Cambridge, contra el que se rebeló de una forma tan efectiva.

Capítulo 3

EL MUNDO PERDIDO DE ARISTÓTELES

La filosofía aristotélica de la naturaleza ha caído prácticamente en el olvido. Gilbert sentía cierto respeto por su enemigo Aristóteles, que propuso sus teorías a mediados del siglo IV a.C., pero no le perdonaba que hubiera desterrado las hipótesis de filósofos anteriores, según las cuales la Tierra se desplazaba por su propia fuerza vital. Dirigió sus ataques contra la teoría aristotélica de la materia, que excluía sistemáticamente la posibilidad de una Tierra dinámica. Gilbert debió estudiar esta teoría en la universidad en dos ocasiones diferentes, primero durante su licenciatura en filosofía de la naturaleza y de nuevo, con más detalle, en la escuela de medicina. La mayor autoridad médica en tiempos de Gilbert aún era Galeno, que había aplicado al cuerpo humano las teorías aristotélicas. Gilbert había recibido una educación especializada, pero incluso legos en la materia como el dramaturgo William Shakespeare (y su público) tenían nociones básicas de la teoría aristotélica. Estas nociones formaban la base de la ciencia popular en el mundo de la Inglaterra isabelina.

Gilbert no sentía el menor respeto por los sabios aristotélicos que sostenían esta ciencia poco rigurosa. A lo largo de los siglos se habían publicado tantas defensas de las teorías de Aristóteles que, según aseguró Gilbert con una falta absoluta de corrección política, «incluso las ancianas desvalidas, los ciegos y los barberos las consideran evidentes, sencillas y fácilmente comprensibles». ¿Qué molestaba tanto a Gilbert de la teoría aristotélica de los elementos? Los siguientes párrafos ofrecen una muestra.

El mundo terrestre y el mundo celestial

Según los seguidores de Aristóteles, el universo estaba dividido en dos mundos compuestos de distintas clases de materia. Partían de la presunción de que la Tierra se encontraba en el centro del universo y veían la órbita lunar como la frontera de este mundo terrestre. Todo lo que se encontraba por debajo de la luna formaba el mundo sublunar o terrestre, que consistía en los famosos cuatro elementos de la filosofía griega: tierra, agua, aire y fuego. Más allá de la luna se encontraba el mundo supralunar, compuesto de una materia más perfecta, celestial. La naturaleza exacta de esta materia era un tema candente de investigación y debate en el año 1600. La respuesta tradicional era que se trataba de un sólido transparente o cristalino, un quinto elemento o quintaesencia.

Dado que el cielo y la Tierra estaban formados de materias diferentes, también obedecían a diferentes leyes físicas. Aristóteles señaló que el mundo terrenal era un lugar de tránsito y de cambios constantes. Se puede tomar como ejemplo el caso de un árbol, que crece de una semilla hasta convertirse en un gran organismo, antes de morir y descomponerse. A lo largo de toda la vida del árbol, aparecen y desaparecen hojas y frutos con las estaciones. Correspondía a la física explicar el porqué de estos cambios en la naturaleza terrestre. En contraste, los cielos parecían mantenerse inalterables. El cielo nocturno tiene el mismo aspecto para nosotros que para Aristóteles o Gilbert, lo cual permite a los astrólogos actuales estudiar las constelaciones de Aries, Géminis y las otras diez formaciones de estrellas definidas por la astronomía griega.

Sin duda hay cambios en los cielos: desde nuestra perspectiva terrestre, el sol y las estrellas salen y se ponen a diario. Asimismo, cada mes la luna recorre las constelaciones. Cada vez menos de nosotros tienen la habilidad, común durante el Renacimiento, de seguir el progreso más pausado y más complejo de planetas como Marte. Pero lo más destacable de estos ciclos astronómicos era que, a diferencia del ciclo vital de un árbol, las estrellas y los planetas parecían describir círculos perpetuos y predecibles alrededor de la Tierra. Ningún desplazamiento terrestre era capaz de igualar esta perfección. La trayectoria del cañonazo más potente tenía un punto de inicio en el tubo del cañón y llegaba a su fin bajo los efectos de la gravedad.

Para desesperación de Gilbert, hacía tiempo que los teólogos cristianos se habían apropiado de los dos reinos físicos descritos por Aristóteles. La coincidencia con su doctrina era notable: la Tierra creada por Dios para los hombres era imperfecta, por culpa del pecado. El mundo terrestre se había convertido en un lugar de corrupción física y moral, mientras que los cielos estaban mucho más cerca de Dios y de una perfección inalterable. Algunos teólogos describieron la Tierra como *faeces mundi*, el excremento del universo. Según esta versión, la Tierra tenía esta forma de balón en el centro del universo porque esta distribución cosmológica permitía separar de forma efectiva las heces de lo divino.

La teología terrenal encontraba apoyo en la física terrestre, concretamente en la teoría aristotélica de la gravedad. Según Aristóteles, los dos principios del movimiento controlaban los desplazamientos de los cuatro elementos terrestres. Estas «cualidades opuestas» eran la gravedad y la levedad. Era evidente para cualquier observador que la tierra y el agua eran elementos pesados que tendían a caer, porque poseían gravedad, mientras que el aire y especialmente el fuego se desplazaban hacia arriba por la fuerza de la levedad (solo hay que pensar en la llama de una vela).

La gravedad y la levedad eran los principios físicos por los cuales todo ocupaba su lugar natural. En el caso de los entes terrenales, este lugar era el centro del universo. Aristóteles aseguraba que una piedra caía porque la gravedad la impulsaba a buscar el centro, cosa que haría hasta descansar en su lugar natural. Según la teoría aristotélica de la materia, la Tierra no podía recorrer una órbita copernicana alrededor del sol ni realizar ningún desplazamiento significativo, ya que eso violaría las leyes de la naturaleza. Gilbert estaba decidido a rebatir estas leyes.

¡Distinciones, distinciones!

El mundo del Renacimiento consistía en un sinfín de contraposiciones: el cielo contra la tierra, la perfección contra la corrupción, arriba o abajo. Las dualidades definían todos los campos de la vida, separando hombres de mujeres, gobernantes de gobernados, lo sagrado de lo profano. Y la teoría de la materia era la filosofía natural que yacía en el centro de este paradigma. ¿Por qué existían cuatro, y sólo cuatro, elementos? Aristóteles lo explicó. Los elementos se formaban con la combinación de materia básica y dos pares de cualidades opuestas: frío y calor, humedad y sequedad. Éstas llevaban a cuatro permutaciones: la materia más frío y sequedad se convertía en tierra, el agua era frío más humedad, el fuego era calor más sequedad, mientras que el aire equivalía a calor más humedad (Gilbert, que había sobrevivido a varios inviernos severos durante su estancia en la universidad de Cambridge, comentó que había que ser griego para insistir que el aire era cálido por naturaleza).

Las cuatro cualidades también eran la base de la teoría médica galénica que estudió Gilbert. En el cuerpo se combinaban para formar los cuatro humores. Por ejemplo, la sangre era caliente y húmeda y se correspondía con el aire. Las cualidades humorales de una persona saludable estaban bien equilibradas o templadas. Si alguien se encontraba destemplado con una fiebre, bastaba con sacarle un poco de sangre caliente o con ingerir alimentos «fríos» para restaurar el equilibrio. Allá donde dirigiera la mirada Gilbert se topaba con la teoría de los cuatro elementos, que explicaba el mundo con una coherencia comprensible incluso para los barberos cirujanos a los que debía vigilar.

Sigamos un poco más con los aristotélicos y sus oposiciones. Después pueden olvidarse de ellos hasta el final de este libro, cuando vuelven a jugar un papel importante. Los físicos aristotélicos se ocupaban de toda clase de cambios o movimientos. El interés por la locomoción, por los desplazamientos, es una faceta de la física actual. Los aristotélicos también tenían una teoría sobre la locomoción, basada en el modelo de los dos mundos diferenciados, según la cual el desplazamiento celestial y el terrestre eran diferentes. Ambos se definían por su comportamiento en el cosmos.

Los cuerpos celestiales sólo se desplazaban en círculos alrededor del centro, o para ser más precisos, alrededor del gran eje y los polos del universo. Los complejos movimientos de los planetas revelaban que estas esferas aspiraban a la perfección, aunque no la lograban del todo. Esta aproximación bastaba para los filósofos, que dejaban a los matemáticos el complejo cálculo de las desviaciones.

El centro del universo también definía las dos clases naturales de desplazamiento terrestre: el movimiento hacia el centro, causado por la gravedad, y el movimiento hacia el exterior, debido a la levedad. Ambas clases eran desplazamientos rectilíneos e imperfectos con un principio y un fin. Los amantes de las distinciones apreciarán el hecho de que había otra subdivisión de estos desplazamientos: completos e incompletos. El elemento tierra era lo bastante pesado como para completar su movimiento hacia el centro, mientras que el agua no era tan pesada como la tierra y se limitaba a posarse encima de ésta. La gravedad y la levedad se consideraban las cualidades locomotoras. Las otras cuatro cualidades se dividían en dos «activas» o «alteradoras» (el calor y la humedad) y las «pasivas» (frío y sequedad). En el caso del cambio que sucede cuando se altera la temperatura del agua fría, al introducir un hierro caliente, los aristotélicos consideraban que el calor del hierro era el «agente» del cambio, mientras que el agua fría no hacía nada más que recibir el calor como sujeto pasivo. Debido a la naturaleza fría y seca de la «tierra», ésta se trataba de un elemento sumamente pasivo, pero esto no le hacía ninguna gracia a Gilbert. Los aristotélicos buscaban a sus agentes y pacientes en toda clase de cambios. Cuando un fragmento de magnetita atraía al hierro, algunos consideraban que el mineral alteraba activamente el metal al imantarlo, antes de atraer al hierro pasivo. Gilbert tampoco comulgaba con esta idea.

Antes de Gilbert, los filósofos de la naturaleza no contaban con un concepto general de lo que eran los imanes. Si es que dedicaban atención al tema, se referían a *magnes*, la piedra imán. Incluso entonces solían mencionar esta maravillosa piedra como ejemplo de otra cosa. Galeno recurrió a ella para justificar su teoría de que las «facultades naturales» del cuerpo humano, como la digestión y la excreción, operaban por un principio de atracción. Gilbert se mostraba sumamente crítico con esta analogía poco rigurosa.

Se trataba de un buen ejemplo de las llamadas «cualidades ocultas», en contraste con las cualidades manifiestas. Los aristotélicos del Renacimiento reconocían que las cuatro cualidades primarias (seis si se incluían la gravedad y la levedad) eran capaces de explicar las propiedades manifiestas pero no las ocultas. Manifiesto significa evidente, no oculto ni escondido; la piedra imán sacaba a relucir la diferencia entre ambas propiedades. Al sujetar un fragmento de magnetita por primera vez, habrá una serie de cualidades evidentes para los sentidos: es «manifiestamente» pesada, seca, fría y posiblemente oscura, al igual que muchos otros minerales. Pero al acercarle con la otra mano un imán, ¡caramba! Ejercen una poderosa atracción como por arte de magia. Nada de lo detectado en primera instancia prepara al observador para la propiedad que revela más adelante: la atracción magnética es una cualidad oculta.

Afortunadamente, la distinción entre cualidades ocultas y manifiestas es la última que haremos. El origen de las cualidades ocultas fue motivo de encendido debate a lo largo del siglo XVI. Los aristotélicos más puristas trataron de reducirlas a sus cualidades primarias. Sin embargo, muchos se alinearon con los neoplatónicos y los magos naturalistas, que les atribuían un origen celestial, como las emanaciones astrológicas de una estrella o de un planeta. En el caso de los imanes, la estrella polar era el candidato más evidente.

Imanes, formas y almas

Según el mapa conceptual de los aristotélicos, la piedra imán era análoga a la isla de Pascua, un lugar diminuto cuyo único interés radicaba en una serie de fenómenos insólitos y misteriosos. Un libro de texto de uso extendido en tiempos de Gilbert era *Physiologia peripatetica libri sex (Seis libros de filosofía natural peripatética [aristotélica]),* de Johannes Magirus. El autor trataba el tema de la piedra imán en el quinto libro, capítulo dos, párrafo 59, después de haber descrito los principios de la física, los cielos, los elementos, la meteorología y la hidrología (las ciencias del aire y del agua). El quinto libro trataba de la Tierra y los temas terrestres se dividían en metales, piedras, licores, plantas, animales y humanos. El capítulo dos subdividía las piedras en comunes y preciosas.

La magnetita era un ejemplo de piedra común, si bien con peculiaridades. Magirus aseguraba que las piedras imán solían ser rojizas y que tenían el «poder natural» de atraer al hierro. Reconocía que era muy difícil explicar por qué ejercían este poder de atracción y señalaba que el hierro era un metal, o sea un material de otra clase diferente. «Si alguien dijera que es por la similitud y la sintonía entre ambas sustancias, no estarían muy equivocados». A continuación citaba un par de «hechos» que se habían consagrado en la filosofía desde la edad media: por una parte, las piedras imán necesitaban el hierro como una especie de nutriente y por otra, el ajo y los diamantes anulaban el poder de atracción de los imanes. Y ahí terminaba su explicación. Los estudiantes no aprendían nada sobre la polaridad de los imanes ni sobre la dirección magnética, ni por supuesto sobre las brújulas o los compases náuticos. Fin del párrafo, pasemos a las gemas.

En un libro anterior, Tomás de Aquino se había esforzado un poco más. Santo Tomás, el doctor de la iglesia tan querido por los católicos de la contrarreforma, fue el autor medieval de una brillante síntesis entre la escolástica aristotélica y la teología cristiana, algo que Gilbert jamás le perdonó.

Para Tomás de Aquino, era evidente que las teorías elementales eran incapaces de explicar las cualidades ocultas de la piedra imán. La atracción magnética requería de una idea más ambiciosa:

> *Las formas elementales, que son las más bajas y las más próximas a la materia, no tienen modo de extenderse más allá de las cualidades activas y pasivas, como la rareza, la densidad y demás cualidades, que claramente son propiedades materiales. Más arriba de estas formas, sin embargo, hay las formas de cuerpos compuestos, que además de funcionar como las anteriormente citadas, tienen otro funcionamiento correspondiente a su clase, que procede de los cuerpos celestiales. Así comprobamos que la piedra imán no atrae el hierro mediante el calor, el frío u otra cualidad de esta clase, sino por medio de la influencia de una virtud celestial.*

Más arriba de los cuerpos compuestos se encontraban las almas de las plantas y más arriba, las formas animadas de los animales. Para santo Tomás, la piedra imán se encontraba a medio camino entre el mundo animado y el inanimado.

En su obra *De Magnete*, Gilbert citó extensamente a Tomás de Aquino. Si les ha costado la cita anterior, prueben con ésta. Pero no se preocupen si no la entienden. Sospecho que la intención de Gilbert fue la de ironizar sobre los excesos verbales academicistas:

> *Puede decirse que algo atrae de otro modo, cuando desplaza algo hacia sí mediante alguna alteración de aquel objeto, cuya alteración provoca que el cuerpo alterado se desplace de lugar. De este modo se dice que la piedra imán atrae el hierro. Porque al igual que un cuerpo generador desplaza cuerpos pesados y ligeros en la medida en la que les da formas mediante las cuales se desplazan a un lugar, del mismo modo la piedra imán transmite cierta cualidad al hierro, mediante la cual se desplaza hacia la piedra.*

Gilbert reconoció que la explicación ofrecida por Tomás de Aquino no era descabellada, en tanto aceptaba que la teoría de los elementos por sí sola no bastaba para explicar el magnetismo. Sin embargo, no estaba de acuerdo con el concepto de la piedra imán como agente modificador, ni con la comparación realizada por Tomás entre el magnetismo y la gravedad. Pero por encima de todas las demás objeciones, los conocimientos experimentales de Tomás de Aquino eran ínfimos. En palabras de Gilbert, «Este individuo tan erudito procedía más adelante a respaldar su teoría, citando aspectos increíbles del imán y el poder que ejerce el ajo sobre la piedra imán».

Sin embargo, Gilbert no rechazó un elemento teórico fundamental de la explicación de Aquino: el concepto aristotélico de la forma, para el que necesitamos algunos antecedentes.

Aristóteles había adaptado las ideas de su tutor Platón en su concepto de la «forma y la materia». Esto servía de base a los aristotélicos para la teoría general causal del cambio, que distaba mucho de la teoría física actual. Las formas eran los principios que «informaban» la materia básica. Las diferencias entre ellas explicaban por qué sustancias diversas y seres diferentes mostraban propiedades y naturalezas particulares, o desarrollaban el potencial de convertirse en agentes del cambio. La materia en sí era completamente pasiva. Por eso los aristotélicos consideraron tan inverosímil el atomismo y la filosofía moderna, mecanicista de Descartes. ¿Cómo podía el simple movimiento y la colisión de partículas de materia explicar fenómenos como la temperatura o la circulación de la sangre?

Aquino afirmó que existía una jerarquía de formas y de las sustancias que explicaban. Las formas elementales sólo constaban de las cualidades básicas (calor, humedad, etc.) y sus derivados. Transmitían una «virtud» activa hacia los elementos, pero de forma muy limitada. Las formas de sustancias más complejas pero aún inanimadas, como las piedras, aumentaban por los efectos de virtudes celestiales.

Los seres animados mostraban una complejidad y una virtud aún mayores. Tenían la capacidad de ingerir y modificar alimentos mediante la digestión; incluso las plantas tenían esta facultad de la nutrición. Los animales podían desplazarse en su medio ambiente y responder a él. Los humanos (y los ángeles) también poseían la capacidad de razonar. Los aristotélicos deducían de estas propiedades observables que la forma de los seres animados incluía un principio de vida llamado alma (el término en latín, *anima,* es el origen de palabras como «animal» o «animación»). Por consiguiente, la jerarquía de las formas proseguía con las almas vegetativas, sensibles y racionales.

Los filósofos de la naturaleza distinguían empíricamente entre los seres animados y las sustancias inanimadas por su mayor complejidad e influencia agente. Por ejemplo, la forma animada de una planta organizaba su materia en partes diferenciadas con distintas propiedades, como raíces y hojas. A diferencia de los minerales, las plantas tenían una parte superior y una inferior. Gilbert estaba de acuerdo en que las plantas tenían forma animada y citaba como evidencia la técnica de los injertos empleada por los jardineros. Éstos sabían que un tallo se debía injertar en la dirección correcta porque, si no, no brotaría.

Las almas de los animales daban a las bestias la capacidad de desplazarse por voluntad propia. Su materia estaba organizada de tal modo que contaban con los órganos e instrumentos necesarios para moverse, desde los músculos contráctiles de los gusanos hasta las piernas de los seres humanos. Los movimientos animales no eran producto del azar; algunos esquivaban la luz del día y a los depredadores, mientras otros se desplazaban en rebaños o cardúmenes coordinados. Sus almas sensibles les daban sentido e instinto, pero no razón. Aristóteles había proclamado que la razón era la virtud distintiva del alma humana. Los cristianos aristotélicos como santo Tomás de Aquino creían lo mismo, aunque criticaban a Aristóteles por el peligroso error que había cometido al negar la inmortalidad del alma.

Las almas humanas sobrevivían a la muerte, mientras que los ángeles carecían de cuerpos materiales. Estos hechos cristianos demostraban que las almas eran inmateriales. Junto con Platón y otros filósofos, Aristóteles había sostenido que las almas y demás formas eran principios inmateriales. Sin embargo, negaba que estas formas pudieran existir separadas de la materia a la que informaban. Los aristotélicos del Renacimiento comulgaban con todas las creencias del maestro, excepto las que concernían a la inmortalidad del alma. El propio Gilbert mencionó un buen ejemplo médico de esto último: cuando el cuerpo humano sufría quemaduras graves «las propiedades primarias del alma no se queman, aunque el cuerpo quemado pierda todas sus facultades».

Al igual que muchos otros aspectos de las teorías aristotélicas, las ideas generales sobre las almas humanas, animales y vegetales, así como las formas más primitivas, formaban parte de la visión habitual del mundo durante el Renacimiento. Gilbert compartía esta visión, pero su acto radical consistió en asignar un alma a la Tierra y darle un lugar más elevado en la jerarquía de las formas. Quizá los lectores quieran entretenerse tratando de introducirse en la mente de Gilbert y teorizando sobre las analogías precisas que establecía en *De Magnete* entre las almas y la fuerza magnética.

La cuestión de si los cuerpos celestiales tenían o no tenían alma e inteligencia era más polémica. Influyentes sabios aristotélicos de la tradición islámica aseguraban que sí la tenían y algunos neoplatónicos del Renacimiento estaban de acuerdo. Dotar de alma a los planetas era un modo de explicar su aparente capacidad de desplazarse por sí mismos en órbitas circulares y regulares, que según algunos platónicos formaba parte de la «armonía coordinada de las esferas». Por el contrario, la mayoría de los aristotélicos aseguraban tradicionalmente que los cielos eran una máquina gigantesca, una sucesión de esferas sólidas impulsadas por un «agente principal». En tiempos de Gilbert, la creciente incertidumbre sobre si el cielo era sólido, fluido o incluso un vacío concedía credibilidad renovada a la idea de las «almas motoras» de los planetas. El astrónomo copernicano Johann Kepler defendió la idea en su primer libro: *Mysterium cosmographicum (El misterio cosmográfico),* publicado en 1597, poco antes de *De Magnete.* No llegó a influir a Gilbert; pero el concepto del alma magnética de Gilbert sí influyó en Kepler.

Capítulo 4

PEREGRINUS Y EL DESCUBRIMIENTO DE LAS BRÚJULAS Y LOS POLOS MAGNÉTICOS

Mientras santo Tomás de Aquino se cuestionaba cuál era la forma de la piedra imán y batallaba por defender su teología, otro hombre se encontraba en un campo de batalla real: Petrus Peregrinus (Pedro el Peregrino, también conocido como Pierre de Maricourt). Al parecer era ingeniero militar durante una de las cruzadas. Trabajando de forma independiente, en agosto de 1269 había escrito una obra extraordinaria llamada *Epistola de magnete* (Epístola sobre la piedra imán), dedicada a su compañero militar Sygerus mientras sitiaba la ciudad de Lucera en Italia. Eso es todo lo que sabemos de él. Incluso más que *De Magnete*, esta insólita muestra de experimentalismo medieval y de interés filosófico por la magnetita pareció surgir de la nada. Al igual que *De Magnete*, la epístola era una rara combinación de filosofía natural y experiencia práctica. La potencia de esta combinación, como demostraría Gilbert, llegó a transformar muchos campos de la ciencia.

Peregrinus tenía una educación lo bastante refinada como para dominar el lenguaje de la física escolástica, pero aventajaba a santo Tomás de Aquino gracias a su familiaridad con la polaridad de la magnetita. Es posible que hubiera visto los primeros compases náuticos empleados en Europa por los navegantes italianos que transportaban a los cruzados hacia el Levante. La obra de Peregrinus podría haber inspirado una pequeña revolución, pero desapareció prácticamente sin dejar rastro. Incluso Gilbert reconoció que se trataba de «un libro bastante erudito, considerando la época».

Peregrinus es importante para la historia de Gilbert por tres razones. En primer lugar, fue el primero en describir la bipolaridad de los imanes; en realidad, el primero en mencionar que los imanes tenían polos. En segundo lugar, estableció un vínculo explícito entre la magnetita y el cosmos. Si bien santo Tomás se había referido a las virtudes celestiales de la piedra imán, Peregrinus sabía que los imanes buscaban el norte y el sur y empleó este conocimiento para asegurar que esta virtud fluía de los polos celestiales. Por último, sus diseños y aparatos experimentales sirvieron de inspiración para la investigación y las hipótesis de Gilbert.

Peregrinus describió una serie de experimentos para identificar los polos de la piedra imán. Instó a Sygerus a que transformara una piedra imán en esfera, «empleando la tecnología usada para redondear cristales y otras rocas». Él fue el inspirador de la preferencia de Gilbert por los imanes esféricos, en los que disminuía la fuerza de la polaridad con respecto a los imanes de barra.

Sin embargo, su razonamiento cosmológico era completamente diferente. El norte, el sur y los demás puntos del compás no eran propiedades intrínsecas de los imanes, sino que se derivaban de los polos y ejes celestiales, así como de las esferas celestes que giraban alrededor de estos puntos clave del universo. Esto le llevó a concluir que las propiedades polares de la piedra imán derivaban de las esferas celestiales. En realidad las imitaba y por consiguiente, la mejor forma para experimentar con piedras imán era la esfera.

Tras complicar la situación con su uso de una piedra imán esférica, Peregrinus explicaba cómo localizar sus polos de forma experimental.

Se sitúa una aguja de hierro en la piedra y siguiendo la longitud del hierro, se traza una línea que divida la piedra por la mitad. A continuación se sitúa la aguja en otro punto y se traza otra línea... Se puede repetir la operación en numerosos lugares y sin duda alguna, todas las líneas trazadas en la piedra convergerán en dos puntos, así como los meridianos de las esferas de la Tierra convergen en los dos polos opuestos del mundo.

A continuación Peregrinus enseñaba a diferenciar el polo norte de la piedra imán de su polo sur. A diferencia de una aguja de compás suspendida en un pivote, un fragmento de magnetita no se alinea con un suave balanceo. Peregrinus necesitaba suspenderlo con algún método sin fricción. De forma ingeniosa, puso sus piedras imán a flote en pequeñas barquitas de madera y los fragmentos de magnetita se alineaban obedientemente de norte a sur. Peregrinus explicó a Sygerus que al flotar dos piedras imán «comprobarás que por norma, la parte norte de una piedra atrae a la parte sur de la otra, y la sur atrae a la parte norte». Los polos iguales se rechazaban. Pudo confirmar esta regla de la atracción de los opuestos al bisecar piedras imán en dos mitades, la norte y la sur. Esta partición producía dos imanes enteros, cada una con dos polos. Las superficies cortadas se convertían en polos opuestos, por lo que era fácil unir las dos mitades y transformarlas de nuevo en un solo imán.

La huella de los experimentos de Peregrinus es evidente en *De Magnete*, a pesar de que Gilbert no lo citó ni le concedió crédito alguno. Por otra parte, Gilbert encontraba tan pobres sus explicaciones como lo habían sido las de los escolásticos. Peregrinus afirmaba que cuando dos piedras se atraían, una ejercía una atracción más fuerte que la otra. La fuerte actuaba como agente y trataba de atraer a la más débil, la «paciente», hasta unirse con ella. Asimismo, ya que la piedra imán era un reflejo de los cielos, sus polos norte y sur recibían su virtud de los polos celestiales. Quienes opinaban que la virtud de los imanes fluía desde la estrella polar estaban equivocados.

Terminó con una especulación: dado que los polos de una piedra imán esférica recibían su virtud de los polos celestiales norte y sur, era posible que «la piedra entera reciba la influencia y la virtud de todo el cielo». De ser cierta esta hipótesis y dado que el cielo daba una vuelta entera cada 24 horas, quizá una piedra imán completamente suspendida haría lo mismo. Dio instrucciones a Sygerus para que realizara este experimento de movimiento perpetuo, pero le advirtió de que si no era capaz de recrear este «maravilloso secreto», la culpa no sería de un fallo de la naturaleza sino del experimentador. Peregrinus llegó a insinuar que él había comprobado el experimento con éxito, con lo cual marcó el camino para una retahíla de repeticiones fallidas de este «hecho». Incluso Gilbert quería creer que era cierto.

Al parecer, la carta de Peregrinus se salvó del olvido gracias a Roger Bacon, un fraile afincado en la universidad de Oxford que tenía un gran interés por la alquimia, la óptica y el aprendizaje experimental, cosa poco habitual en la época. Algunos eruditos realizaron copias manuscritas de la carta de Peregrinus para sus bibliotecas, pero cuando se popularizó la imprenta a finales del siglo XV, aquella epístola no encabezaba precisamente la lista de los textos más leídos. Sin embargo, cuando Gilbert llegó a Cambridge en 1558 se acercaba de nuevo su hora. La carta disfrutó de renovada popularidad cuando Jean Taisnier la publicó de nuevo en 1572, asegurando desvergonzadamente que era obra suya. Al igual que Taisnier, Gilbert vio en ella una obra original y desafiante. La carta demostraba el poco interés que los filósofos habían dedicado al magnetismo a lo largo de trescientos años y los pocos avances que habían logrado durante ese tiempo. No es de extrañar que Gilbert prefiriera aprender de los navegantes.

Los inicios del compás náutico

El compás náutico fue el detonante de un alud de conocimientos magnéticos. No sabemos cómo se descubrió la aguja magnética, pero sus efectos cambiaron el mundo. En 1605, Francis Bacon identificó tres inventos que habían transformado el mundo antiguo y lo habían conducido hacia la modernidad: la imprenta, la pólvora y la brújula o compás magnético. Bacon los citaba como símbolos del progreso; los antiguos no conocían ninguno de estos inventos, todos obra de hombres prácticos en vez de filósofos de la naturaleza. Estos tres inventos demostraban que la filosofía griega no había sido el súmmum del conocimiento de la naturaleza, una cima que debían reconquistar con arduos esfuerzos los eruditos del Renacimiento. Por el contrario, existían nuevos mundos intelectuales que había que descubrir. Pero para hacerlo, se debían abandonar las teorías académicas estériles, para aprovechar el espíritu práctico, experimental, que había permitido a los navegantes descubrir un nuevo mundo geográfico que desconocía Ptolomeo. *De Magnete* fue fruto de este mismo rechazo revolucionario de los valores renacentistas.

Bacon y Gilbert ignoraban que los chinos habían inventado la aguja náutica, así como la imprenta y la pólvora. El mundo occidental había aprovechado estos inventos de una forma diferente y más intensa: los tres fueron reclutados y puestos al servicio de las conquistas imperiales, de la dominación religiosa y del capitalismo comercial, mientras que en la China las agujas magnéticas se empleaban para determinar la dirección (a menudo para el arte del feng shui) y para la geomancia. La magia también era motivo de interés en Occidente: las piedras imán no sólo eran un ejemplo de las virtudes ocultas, sino que reforzaban el repertorio de trucos y maravillas naturales de los magos de la corte. Sin embargo, el dominio occidental de la navegación oceánica marcaría las diferencias en la expansión de los países europeos.

Es probable que los navegantes empezaran a emplear agujas magnéticas a mediados del siglo XII. En 1240 Tomás de Cantimpré, compañero de santo Tomás de Aquino, ofreció una descripción exhaustiva de una práctica que parecía combinar habilidad náutica con técnicas de mago.

> *Cuando las nubes impiden a los navegantes vislumbrar el sol o las estrellas, acercan una aguja a la piedra imán. A continuación atraviesan una brizna de paja con la aguja y la depositan en un cuenco de agua. Entonces hacen girar la piedra alrededor del recipiente, cada vez más rápido, hasta que la aguja también gira a gran velocidad. En ese momento se llevan la piedra y la aguja apunta en la dirección de la Stella Maris, sin moverse más de esa posición.*

Según la tradición, el honor de esta invención corresponde a los navegantes de Amalfi. Un origen italiano es muy posible y la región de Amalfi dominó el comercio mediterráneo (además del transporte de cruzados como Peregrinus) hasta que Génova y Venecia le tomaron el relevo. Todas estas ciudades eran firmes defensoras del conocimiento técnico además del escolástico.

El siguiente avance importante se logró en el siglo XV en Flandes, cuya capital comercial (y la ciudad en la que se fabricaban los mejores instrumentos) era Amberes. Para entonces los habitantes del norte de Europa, que vivían en regiones con mucha declinación magnética, ya sabían que las agujas magnéticas no apuntaban al norte verdadero. Los primeros instrumentos en incluir este conocimiento fueron unos relojes de sol portátiles fabricados en Alemania. Para que el reloj funcionara correctamente, tenía que orientarse hacia el norte y los modelos portátiles llevaban una pequeña brújula, con una marca en la base para alinearlo. En muchos de estos relojes de sol, las marcas estaban situadas unos diez grados al este del norte verdadero. Estas marcas eran un registro involuntario de la declinación magnética en aquel momento y lugar.

Los fabricantes de compases flamencos no conocían el concepto de la declinación. Sólo querían que sus compases salieran de los talleres y de los puertos señalando al norte, de modo que adoptaron la misma solución que los alemanes. En los compases anteriores, la aguja basculaba libremente por encima de la rosa, el disco marcado con las treinta y dos cuartas del compás. Los nuevos compases de Amberes llevaban la aguja pegada a la rosa, pero con un desvío de unos diez grados este. Era una solución ingeniosa, pero por desgracia sólo funcionaba en el punto de fabricación. En el momento en que una embarcación equipada con unos de estos compases entraba en una región con otra declinación, el navegante trazaba un rumbo equivocado.

La declinación no tardaría en reconocerse como un problema grave. El diseño de Amberes llegó a Génova, donde sólo desviaban la aguja en cinco grados al este. A medida que aumentaba el comercio internacional y el desplazamiento de navegantes, instrumental, esclavos, especias y demás mercancías, reinó la confusión. Cuando el experto navegante Cristóbal Colón ofreció sus servicios primero a Portugal y después a España, llevó consigo una serie de preciados compases fabricados en distintas ciudades, todos ellos con agujas «corregidas» en distintas medidas. La nueva generación de navegantes oceánicos se enfrentaba a todas las complejidades del magnetismo terrestre.

Capítulo 5

LOS EXPLORADORES IMPERIALES Y EL AUGE DE LA NAVEGACIÓN MAGNÉTICA

En los dos siglos que precedieron a la gran obra de Gilbert, los imperios crecientes de Portugal y España, a los que más adelante se unirían Francia, Inglaterra y la República Holandesa, enviaron navegantes al sur, al este y por último, cada vez más al oeste.

La navegación se convirtió en cuestión de Estado y los estudiosos dedicaron esfuerzos ingentes a la cartografía de rutas comerciales y tierras lejanas, y a la reclamación de aquellas tierras como dominios.

El gran auge de la exploración culminó con el viaje trasatlántico de Colón y la épica circunnavegación del mundo de Magallanes, de 1519 a 1523, que reveló toda una serie de problemas para hacer algo tan sencillo como ubicar una situación exacta en la superficie terrestre.

Uno de los problemas más desconcertantes fue el de la declinación magnética.

¿Declinación magnética o problemas con los instrumentos?

A medida que uno recorre la Tierra navegando, la declinación cambia de forma lenta pero apreciable. Este cambio es especialmente notable al navegar siguiendo un paralelo de latitud. Incluso durante una travesía relativamente corta del Atlántico, la aguja del compás puede variar con una diferencia de diez grados. Esta diferencia era evidente para los navegantes más experimentados, que acostumbraban a «seguir la latitud» porque facilitaba la comprobación astronómica de la posición.

Cuando los navegantes portugueses empezaron a emplear compases de forma habitual, en la segunda mitad del siglo XV, la aguja no se consideraba más que una forma aproximada de confirmar la dirección, especialmente si el cielo estaba nublado. Los navegantes suspiraban de alivio cuando se despejaba el cielo y podían recurrir a sus observaciones del sol o de la estrella Polar, con los instrumentos, o bien a simple vista.

Lo importante era que los compases señalaban el norte. Sabían que las agujas no solían apuntar al norte verdadero, pero creían que las correcciones a sus instrumentos solucionaban este problema. En Europa, toda la declinación magnética en aquel entonces era hacia el este. Los navegantes portugueses eran conscientes de esta tendencia y se referían al desvío predominante de las agujas al nordeste, aunque no tenemos constancia de que estos navegantes o los fabricantes de sus instrumentos se acercaran a una explicación del origen de este fenómeno. La versión de algunos marinos de la época, de que las agujas se ajustaban a la dirección de la estrella polar, que también se encontraba a unos grados del norte verdadero, no era exacta. Este error no se debía a la explicación cosmológica de Peregrinus, cuya explicación del polo celestial estaba aún más alejada de la realidad, sino a que la estrella Polar rotaba alrededor del polo celestial y la aguja no reflejaba este movimiento. Los navegantes opinaban que se trataba de un problema práctico de la fabricación del compás, para el que habría alguna solución práctica; aún no lo habían identificado como un fenómeno terrestre llamado «variación» o «declinación» magnética.

La falta de comprensión del fenómeno mágico del magnetismo contribuyó al misterio de la fabricación de brújulas y compases. Los expertos debatieron sobre los posibles orígenes del error y sin conocer el fenómeno de la inclinación magnética, algunos aventuraron que se podía tratar de un fallo en el equilibrado de la aguja. Otros planteaban que quizá la montura obstruía las agujas, que se acumulaba una capa de óxido que obstaculizaba el giro, o que algunas clases de hierro conservaban el magnetismo mejor que otras, especialmente durante los viajes largos. Ante todo, creían que la piedra imán empleada para magnetizar la aguja tenía una importancia enorme. Gilbert demostró que en realidad no era tan importante, pero los fabricantes de compases, las academias de navegación y los barcos atesoraban sus fragmentos «buenos» de magnetita y frotaban las agujas con rituales inamovibles, hasta bien entrado el siglo XVII. Dada la cantidad de variables en la construcción y la cantidad de compases defectuosos o frágiles, era habitual para navegantes como Colón ver diferencias considerables entre las lecturas de sus instrumentos y solían llevar hasta cinco o seis compases.

Aunque los portugueses fueron los primeros expertos en la navegación con compás, la declinación sólo se convirtió en un problema grave con los viajes de los españoles a América. Las primeras expediciones de los portugueses recorrían la costa africana de norte a sur, por lo que la declinación magnética se mantenía hacia el este, dentro de los parámetros conocidos. Pero cuando Colón navegó siguiendo la latitud, atravesando el Atlántico hacia las Bahamas, sus navegantes comprobaron con inquietud que los compases ya no se desviaban al nordeste sino al noroeste. En comparación con los temores de la tripulación de que jamás volverían a tocar tierra, éste era un problema fácil de solucionar para la labia de Colón: al parecer les explicó que se debía al movimiento de la estrella Polar.

Cuando los portugueses doblaron el cabo de Buena Esperanza y se adentraron en el océano Índico, también se toparon con problemas. A medida que los barcos doblaban el cabo, las agujas de sus compases también giraban y hubo quien aventuró que les estaba afectando una montaña magnética. El problema quedó grabado en la historia gracias al nombre alternativo del cabo en portugués: «Cap de Agulhas», el cabo de las agujas de compás. Cada vez más navegantes experimentados aseguraban que los compases habían cambiado de dirección, especialmente en las transitadas aguas de las Azores y más al sur, cerca de Cabo Verde. En las academias navales de Sevilla y Lisboa los expertos empezaron a prestar atención al problema.

Meridianos magnéticos y el problema de la longitud

A medida que los expertos portugueses colaboraban para unir los puntos en los que la declinación era cero, vieron que estas posiciones trazaban un meridiano de longitud que pasaba por las Azores. Asimismo, la declinación parecía disminuir de forma proporcional, a medida que uno se acercaba a este meridiano desde uno u otro lado. Los primeros en proponer la idea de un meridiano verdadero de declinación cero fueron João de Lisboa y Pedro Anes, en 1508. En su obra de 1514 *Tratado da agulha de marear (Tratado sobre el compás náutico)*, De Lisboa presentaba la hipótesis de que el verdadero meridiano de las Azores (25 grados al oeste de Greenwich) era parte de una gran circunferencia que también bisecaba el océano Pacífico. En medio, a medida que uno se acercara a los 90 grados al este o al oeste de las Azores, De Lisboa afirmaba que la declinación iría en aumento hasta un máximo de 45 grados, antes de volver a decrecer. Había nacido el sueño de encontrar una solución magnética para el problema de la longitud.

Coincidiendo con estas publicaciones, los políticos empezaron a interesarse por las soluciones magnéticas. En 1493, el papa Alejandro VI había resuelto las disputas territoriales entre España y Portugal mediante un tratado que dividía el mundo en dos mitades, separadas por un meridiano de longitud a mitad del Atlántico. Cualquier territorio nuevo al

Ilustración 4: **El Tratado de Tordesillas, 1494**

En el Tratado de Tordesillas firmado en 1494, Portugal logró desplazar unos 1300 kilómetros hacia el oeste el gran círculo de longitud establecido por el papa Alejandro VI para repartir territorios nuevos entre las coronas española y portuguesa. El problema de determinar la longitud en alta mar complicó la localización exacta de esta línea, especialmente en las disputadas aguas del Lejano Oriente. Los expertos en brújulas y compases se inmiscuyeron en la disputa, con la esperanza de localizar un meridiano de declinación magnética cero que permitiera resolver las diferencias.

sur y al este correspondería a los portugueses, mientras que los españoles tendrían los territorios al sur y al oeste. Portugal se mostró disconforme con esta resolución y en 1494 logró que se desplazara el meridiano divisor hacia el oeste, en el Tratado de Tordesillas; este tratado fue responsable de que los brasileños hablen portugués. Localizar la situación exacta de este meridiano atlántico presentaba los problemas habituales de longitud, que se agravaron cuando las flotas española y portuguesa se encontraron en el Pacífico, persiguiendo la riqueza de las islas de las especias. ¿Dónde se encontraba el meridiano diametralmente opuesto? Con miras a localizar y emplear los meridianos magnéticos primarios, se organizó la primera conferencia científica internacional de expertos en magnetismo.

La teoría propuesta por De Lisboa, de cambios regulares de declinación alrededor de los meridianos primarios, echó raíces entre los expertos portugueses y españoles, aunque no contaba con apoyo unánime. A lo largo del siglo XVI y principios del XVII se publicaron y se presentaron en las cortes europeas numerosos patrones de longitud magnética según este modelo ibérico.

Los estudiosos contaban con el aliciente de una proliferación de premios, ofrecidos a cambio de una solución práctica para el problema de la longitud. El rey Felipe II de España ofreció una gran suma de dinero en 1567 y el rey Felipe III reiteró la oferta en 1598. En el año 1600, las autoridades holandesas ofrecieron un premio de cinco mil florines más una renta vitalicia. Las cortes francesa e inglesa no ofrecían un premio formal del Estado, pero eso no fue óbice para los investigadores, que esperaban recibir una fortuna a cambio de una solución efectiva. La influencia de Gilbert y de Wright, que rechazaban en *De Magnete* una serie de teorías comunes, motivó décadas de negativas en Inglaterra.

A pesar de los valores aproximados obtenidos por los navegantes del siglo XVI, o quizá debido a esta misma imprecisión, cada estudioso recurría a datos que se ajustaran a su propia teoría. Sus hipótesis se basaban en convicciones injustificadas y en el ansia de riqueza. Los autores empleaban datos de un creciente acervo de valores, para ajustar una y otra vez la posición de los meridianos primarios, el grado de declinación y los valores máximos que alcanzaba ésta, en busca del patrón definitivo.

Es tentador pensar que estos esfuerzos fueron la primera articulación del concepto de que la Tierra era un gran imán con dos polos inclinados. Los puntos de convergencia de todos los meridianos magnéticos propuestos no eran los polos norte y sur, sino unos puntos en el meridiano principal, a unos grados de latitud de los polos geográficos. Sin embargo, los teóricos del siglo XVI jamás mencionaron polos magnéticos desviados de los geográficos y no parecen haber logrado ningún cálculo de longitud. Tampoco se preguntaron exactamente qué señalaba la aguja del compás, si no era el polo celestial. La ausencia de estos elementos sugiere que no se dedicaban a desarrollar una teoría global del magnetismo, sino simplemente una serie de patrones locales y sus valores asociados de longitud. Es más, no es probable que tuvieran un concepto generalizado de la declinación. Sin embargo, los patrones que desarrollaron permitieron realizar algunas predicciones y los expertos ibéricos procedieron a comprobar la validez de estos datos.

La determinación de la longitud por magnetismo prometía revolucionar la navegación, pero dependía de mediciones más exactas. Según De Lisboa, la declinación al oeste de la capital portuguesa disminuía un grado cada cien leguas. La acumulación de diferentes valores para una misma posición, y de datos que contradecían las predicciones, fomentaron la búsqueda de mediciones más precisas y sistematizadas. La declinación dejó de ser una molestia práctica para convertirse en un concepto global y por primera vez, los manuales parecían ofrecer un sistema para medirla.

En tiempos de Gilbert, Inglaterra también empezaba a reclutar a eruditos matemáticos para ayudar a los navegantes; mientras, en Portugal, en 1529 nombraron cosmógrafo real y catedrático de matemáticas a Pedro Nunes, un converso judío y antiguo oficial de aduanas en Goa. Además de desarrollar mejores instrumentos, especialmente un «instrumento de sombras» que permitía mediciones combinadas de la dirección magnética y la altura del sol, Nunes enseñaba a los navegantes a emplear estos instrumentos. El profesor Nunes fue uno de los primeros expertos en publicar en latín. Su obra *De arte atque ratione navigandi (El arte y método de la navegación,* 1546) presentó los problemas y conocimientos de la navegación magnética a lectores educados de toda Europa, entre ellos Gilbert.

El gobierno encargó la primera medición oficial de la declinación a João de Castro, primer piloto de la armada portuguesa, y le entregó un reluciente instrumento de sombra fabricado por Nunes. De Castro zarpó hacia las Indias Orientales en 1538 y a lo largo de tres años realizó cuarenta y tres mediciones de una calidad extraordinaria, que amenazaban con echar por la ventana los conocimientos establecidos sobre el magnetismo.

El primero en caer fue el concepto del meridiano verdadero que pasaba por las Azores y las Canarias. Mientras navegaba de Lisboa hacia el sur siguiendo el meridiano, detectó valores dispares que llegaban hasta los seis grados de declinación al este. Cuando dobló el cabo de Agulhas, De Castro pudo confirmar que la declinación se desplazaba rápidamente de este a oeste, pero no llegó a un punto de declinación cero hasta llegar a la costa de Natal. Pero ésa no sería la única noticia descorazonadora. Inquieto por los resultados obtenidos, quiso comparar su flamante instrumento de sombra con tres de sus compases más fiables. Todos los resultados obtenidos fueron diferentes. Lo primero que pensó De Castro fue que los fabricantes habían aplicado correcciones diferentes a cada compás, pero cuando los abrió comprobó que todos estaban ajustados al meridiano verdadero. ¿Se habría debilitado la imantación de las agujas a distinto ritmo? Las imantó de nuevo empleando la misma piedra imán, pero de nada sirvió. Su confusión aumentó cuando, durante la prospección magnética de la isla de Chaul, instaló una brújula encima de una piedra. La aguja giró bruscamente de norte a sur y regresó a su lugar cuando apartó la brújula de la piedra a pesar de que no detectó magnetismo en ningún punto de la isla.

Los resultados obtenidos por De Castro se transcribieron en todos los *roteiros* secretos de los portugueses, manuales prácticos de rutas. A pesar de que eran confidenciales, los roteiros no tardaron en caer en manos extranjeras y el trabajo realizado por De Castro tuvo repercusiones internacionales. Distintos autores publicaron sus resultados y empezaron a añadir mediciones propias. En tiempos de Gilbert había un sinfín de datos disponibles, aunque muchos se contradecían entre sí, no sólo por culpa de los errores cometidos durante algunas mediciones sino porque se habían realizado en años diferentes. Los cambios temporales de declinación se consideraban algo imposible, de modo que los autores no se molestaban en registrar la fecha de las mediciones.

Los resultados obtenidos también llevaron a cuestionar seriamente los conocimientos de los expertos ibéricos y su fe en que hallarían una solución magnética para el problema de la longitud. El examinador sevillano de navegantes y cosmógrafo real Pedro de Medina contribuyó a la confusión. Su obra *El arte de navegar,* publicada en 1545, se convirtió en uno de los manuales más traducidos de la época y es posible que incluso lo empleara Francis Drake. De Medina seguía convencido de que las agujas respetaban los polos celestiales e insistió en que la declinación no era más que una sucesión de errores, causados por las distintas clases de hierro, piedra imán y métodos de fabricación de compases, además de la falta de atención a la técnica.

De Medina sólo tuvo que exagerar ligeramente la inquietud generalizada sobre las variables desconocidas e incontrolables que regían la misteriosa interacción entre piedra imán y aguja, o entre la aguja y el mundo. No obstante, en 1545 ya no se consideraba creíble ni seguro para los navegantes ignorar la distribución real de la declinación. Llovieron críticas para De Medina y su reputación se resintió. Los navegantes ingleses preferían el *Arte de navegar* publicada por su sucesor Martín Cortés, muy superior, que corregía la visión de Medina sobre la declinación. Sin embargo, persistió la creencia de que por lo menos una parte de la declinación se debía a los aparatos. Incluso Robert Polter, el director de Trinity House, sostuvo esta creencia en su obra *Pathway to Perfect Sayling (Camino a la navegación perfecta),* publicada cinco años después de *De Magnete.*

Cuando Gilbert empezó sus investigaciones en la década de 1580, había cada vez más datos sobre la dirección y variación de las agujas de compás, pero estos datos se comprendían cada vez menos. Los expertos navegantes ni siquiera eran capaces de diseñar reglas prácticas para su propio uso, mientras que las teorías desatinadas y anticuadas de los filósofos de la naturaleza no servían de gran ayuda. Los expertos empezaron a criticar sin ambages la ineptitud de los filósofos naturales, especialmente en la Inglaterra isabelina.

Gilbert y los navegantes isabelinos

Cuando Gilbert dejó la universidad, el arte local de la navegación que le serviría de inspiración apenas empezaba a florecer. Cuando nació el científico, sólo había un puñado de ingleses que supieran atravesar océanos. El gabinete de la reina solucionó el problema reclutando a expertos extranjeros: en 1547 levaron a Sebastiano Caboto, piloto mayor al servicio de España e hijo del navegante genovés Giovanni Caboto, que en la década de 1490 había organizado viajes desde Bristol hasta la «tierra nueva» de Terranova.

Caboto quiso organizar un sistema de formación sistematizado siguiendo el modelo español, pero tanto él como su sucesor Stephen Borough, que también había estudiado en España, vieron frustradas sus intenciones. Aún a finales del siglo XVI, el gobierno inglés recelaba de las organizaciones caras y centralizadas al estilo español, y se negaba a financiarlas. Los conocimientos ingleses de exploración y navegación se desarrollaron gracias a la iniciativa privada, con el apoyo de coaliciones de aristócratas, redes flexibles de navegantes y una comunidad creciente de asesores. Se fue cimentando una tradición en la que conocidos de Gilbert como William Borough y Thomas Digges descendían de otros veteranos de la navegación. No era un sistema eficiente, pero Inglaterra logró evitar el anquilosamiento institucionalizado que aquejó a la navegación española. *De Magnete* fue uno de los logros culminantes de la innovación inglesa.

Hasta la década de 1570, Inglaterra se dedicaba a ponerse al día y sustituía progresivamente a los expertos extranjeros con especialistas locales. Stephen Borough supervisaba los programas prácticos de formación, cuyos alumnos incluían a su hermano William. Convenció a algunos miembros de la Muscovy Company, formada en 1553, de que apoyaran al licenciado Richard Eden para un programa de traducción y publicación comercial. Eden empezó en 1561 con el *Arte de la navegación* de Cortés, cuyas ediciones posteriores debían incluir algún desarrollo novedoso. Asombrosamente, la edición de 1579 incluía el plagio realizado por Taisnier de Peregrinus y es probable que Gilbert tuviera su primer contacto con los experimentos del texto clásico a través de este tomo.

El doctor John Dee, más conocido como filósofo de la naturaleza y místico alquimista, se vio obligado a ejercer de tutor y asesor de navegantes; dio formación en las bases matemáticas de la navegación a Thomas Digges y a William Borough. Las relaciones entre los expertos prácticos y los académicos no siempre eran fluidas: Digges hubiera preferido conseguir apoyo para sus estudios eruditos de astronomía copernicana y le horrorizaban los cálculos prácticos e improvisados de los navegantes. A su vez, William Borough menospreciaba a Digges y a Dee porque constantemente proponían grandes teorías de la declinación y la longitud magnéticas, pero jamás las publicaban. Dee se cansó de las matemáticas aplicadas y emigró para dedicarse a la filosofía de lo oculto, en la corte del sacro emperador romano.

En 1574 el profesor de navegación William Bourne, que no tenía estudios pero había acumulado experiencia práctica, publicó un manual sencillo y confiable llamado *Regiment for the Sea (Régimen para el mar),* cuyo uso se generalizó entre unos navegantes ingleses que empezaban a aplicar los conocimientos locales. Un puñado de corsarios como Francis Drake se atrevían a navegar hacia el sur y a entrar en aguas dominadas y vigiladas por los españoles. En 1589, un colaborador de Gilbert llamado Edward Wright acumuló experiencia práctica en una incursión a las Azores, acompañando al conde de Cumberland.

Sin embargo, las misiones en aguas dominadas por España no eran lo más habitual, ni siquiera después de la derrota infligida a la Armada española. Inglaterra concentró sus esfuerzos en las regiones septentrionales, más seguras y sin tanta competencia. El comercio de la Muscovy Company con los rusos era lucrativo, pero no se podía comparar con las riquezas del comercio de especias con las Indias Orientales. Inglaterra no tenía acceso a las Indias porque los portugueses controlaban la ruta del cabo de Buena Esperanza y España la del estrecho de Magallanes. Así empezó la búsqueda heroica pero infructuosa de un paso del nordeste, rodeando Rusia, y con el viaje de Martin Frobisher en 1576, también de un paso del noroeste. El primer intento de Walter Raleigh de explorar y colonizar Virginia (nombrada en honor de su reina virgen) no tuvo éxito, pero se convertiría en el origen de los dominios ingleses en Norteamérica.

A lo largo de estas expediciones, los navegantes ingleses se habían convertido en expertos en la navegación a latitudes elevadas. Por lo general, la declinación magnética aumenta junto con la latitud, en parte porque aumenta el ángulo subtendido entre los polos geográfico y magnético. Asimismo, cerca del polo norte magnético la declinación cambia rápidamente en distancias muy cortas. A diferencia de sus competidores ibéricos, los navegantes ingleses se enfrentaban al problema de la declinación a menudo y en sus manifestaciones más extremas. Respondieron desarrollando un empirismo riguroso y mostrando un constante escepticismo hacia las teorías más simplistas.

El inglés William Borough fue el primero en publicar un tratado dedicado a la variación del compás y a sus mediciones, en el año 1581. Su obra *A Discours of the Variation (Tratado de la declinación)* reflejaba la actitud de la mayoría de los expertos ingleses: la declinación magnética era un problema real para los navegantes, pero era un desafío para el que no existía solución en la filosofía de la naturaleza; sólo servía la solución pragmática de la observación minuciosa y las correcciones. Borough desarrollaba el ejemplo práctico de Londres, con una declinación media de once grados y dieciséis minutos al este. George Best, cronista de un viaje en busca del paso del noroeste, declaró que «el capitán Martine Frobisher observó con diligencia las variaciones de la aguja. Y dichas anotaciones de pilotos experimentados son el único modo de controlar este factor, que supera el alcance de la filosofía natural».

Los miembros de la comunidad náutica de Londres empezaban a superar su sentimiento de inferioridad hacia los filósofos de la naturaleza. Empezaron a confiar en que el método práctico que empleaban ellos para solucionar los problemas, así como su fe en las matemáticas y en sus instrumentos, les permitirían esclarecer algunas de las causas del comportamiento de brújulas y compases. Les alentaban algunos profesionales eruditos como Gilbert, que habían cambiado la *vita contemplativa* de Oxford y Cambridge por el dinamismo de Londres.

Robert Norman y Simon Stevin

Un tratado extraordinario que se publicó en conjunción con el *Discours* de Borough (y dedicado a éste) tuvo un gran impacto sobre Gilbert. El autor del tratado *The Newe Attractive* era Robert Norman, un fabricante de instrumentos que se describía a sí mismo como un «mecánico sin erudición». Esta modestia no le impidió rechazar las teorías anteriores sobre el magnetismo, que no eran más que «conjeturas superadas por la experiencia y por el dedo de la razón», ni criticar a los académicos que prometían mucho pero no lograban nada. Sentía especial aversión por los matemáticos eruditos que afirmaban que los navegantes debían dedicarse a su oficio, en vez de inmiscuirse en cuestiones más elevadas.

Norman expresaba el sentimiento muy inglés de que «cuanto más tiempo dedique un hombre a entender las propiedades de la piedra imán, más se maravillará, pero sin acercarse jamás a su objetivo». También rechazaba las teorías establecidas sobre la declinación, pero había descubierto un asombroso «hecho experimentado»: la inclinación natural de la aguja que hoy conocemos como inclinación magnética. Norman era uno de los fabricantes de compases más respetados de la Inglaterra isabelina y frustrado por la necesidad de reequilibrar sus excelentes agujas imantadas, decidió averiguar las causas. Estaba perfectamente dispuesto a filosofar y rechazó la teoría defendida por «gente de sinrazón», según la cual las piedras imán añadían peso al extremo norte de la aguja; por el contrario, él insistía en que la virtud magnética era ingrávida. Instaló agujas en un pivote vertical y comprobó que el extremo norte siempre se inclinaba a unos 71,5º por debajo del horizonte. Había fabricado el primer inclinómetro.

Su búsqueda de una explicación le llevó a adentrarse más en el terreno de los filósofos de la naturaleza. La aguja inclinada demostraba que los imanes no se orientaban hacia un punto de la superficie terrestre, como una montaña magnética. O bien el extremo sur estaba atraído hacia arriba por alguna virtud celestial, o bien algo en el interior de la Tierra estiraba el extremo norte hacia abajo. Familiarizado con las explicaciones celestiales del magnetismo, Norman se decidió por la nueva causa terrestre.

Dio a esta causa interna el nombre de «punto respectivo», tras demostrar que la aguja no apuntaba hacia un «punto de atracción», mediante un experimento tan elegante que Gilbert lo incluyó de forma prominente en su obra *De Magnete*. Norman colocó un alambre de hierro imantado en un tapón de corcho; y recortó el corcho hasta que logró que el conjunto tuviera flotabilidad neutra en el agua. Introdujo el alambre y el flotador en el centro de un vaso de agua; el alambre se inclinó en la dirección esperada, pero el conjunto no fue atraído hacia abajo en esa misma dirección. Norman no sabía exactamente dónde se encontraba su punto respectivo, de modo que invitó a gente en otras partes del mundo a medir la inclinación. Esperaba que los resultados formaran una serie de líneas que convergieran en un punto determinado. Sin embargo un libro poco conocido, escrito en inglés por un humilde «mecánico», no generó el interés suficiente en la comunidad científica internacional para que le enviaran mediciones. Gilbert fue el primero en desarrollar las ideas de Norman y pudo completar su programa de observaciones globales ¡sin salir siquiera de su laboratorio!

La hipótesis de Norman de que los imanes respetaban el punto que había hallado tenía varios fallos, que Gilbert revelaría. Sin embargo, fue la primera teoría novedosa desde la edad media y también fue la primera en sugerir una causa magnética en el interior de la Tierra. Además, al documentar la inclinación Norman había descubierto el primer fenómeno magnético nuevo desde la declinación. Y todo ello fue obra de un humilde fabricante londinense de instrumentos. El centro de la innovación magnética ya no era Sevilla, Lisboa o Dieppe, sino Londres, y Gilbert formaba parte de esta nueva ola.

No podemos cerrar esta sección sobre la investigación del magnetismo anterior a Gilbert sin hablar de los holandeses. A medida que la navegación inglesa florecía en la década de 1590, la República Holandesa Protestante emergió como la quinta potencia marítima de Europa. Acababa de lograr su independencia del Imperio español con la ayuda de los ingleses. Mientras Inglaterra vencía a la Armada vengadora del rey Felipe II, los navegantes holandeses pasaban de ser excelentes pilotos en el norte de Europa a dominar los mares del sur. Después de reclutar a expertos portugueses y españoles, se toparon con la misma idea tentadora de los meridianos magnéticos de longitud que habían rechazado los ingleses. Cuando el predicador calvinista, cartógrafo y asesor naval Petrus Plancius quiso patentar su propia versión de estos sistemas, las autoridades holandesas crearon una comisión de estudio.

Un miembro del comité fue el experto en matemáticas aplicadas Simon Stevin, que transformó su informe en un panfleto, *De Havenvinding,* publicado en 1559. El colaborador de Gilbert Edward Wright, que tenía contactos en Holanda, comprendió el valor del documento. La traducción al inglés que realizó Wright, *The Havenfinding Art (El arte de encontrar puerto),* apareció ese año. Los ingleses lo encontraban atractivo porque Stevin había templado el entusiasmo ibérico por la regularidad de la declinación, con sus sospechas más típicas del norte de Europa de que no se podía aplicar una solución tan sencilla a este problema. Ya no defendía la existencia de longitudes magnéticas regulares, pero proponía con cautela que quizá la declinación seguía patrones irregulares pero definidos.

Ésta fue la idea defendida por Stevin: había que reunir datos de declinación fiables a intervalos regulares, a lo largo de las principales latitudes por las que circulaba el tráfico marítimo. Para dar inicio al proyecto, publicó la colección reunida por Plancius. Siempre que los navegantes supieran la latitud, que era más fácil de calcular, podían comparar una secuencia de observaciones propias con las tablas de variaciones. Eso les permitiría determinar si su longitud de destino se encontraba más al este o al oeste, e incluso era posible que les indicara a qué distancia se encontraba.

Wright y los demás estudiosos ingleses recibieron el sistema de Stevin con los brazos abiertos; su único punto débil parecía ser un empirismo riguroso. Sin embargo, Stevin fue el primero en hacer una pregunta incómoda: ¿permanecía la declinación eternamente invariable en cada posición geográfica? El éxito de su plan dependía de que así fuera y la sola posibilidad de que la declinación no permaneciera inalterable era «algo que la razón no nos permite pensar». Nadie lo había sospechado hasta el momento y el descubrimiento en 1634 del cambio temporal de la declinación fue una gran sorpresa. Pero ¿cómo podían estar seguros en 1599? Ningún programa de observación buscaba pequeñas variaciones locales que podían condenar a toda una flota a la destrucción. El nuevo y prometedor arte de la navegación magnética precisaba de alguna garantía, que sólo obtendrían con una explicación causal. En 1599, Wright sabía que la filosofía del magnetismo desarrollada por Gilbert podía proporcionarla y ayudó al autor a preparar su obra *De Magnete*. Wright familiarizó a Gilbert con los textos de navegación, recopiló los datos que contenían y le asesoró sobre cuestiones prácticas del compás náutico, entre otras cosas.

Gracias al trabajo de Borough, Norman, Stevin, Wright y sus antecesores europeos, Gilbert sabía más sobre el magnetismo terrestre que cualquier otro filósofo de la naturaleza. Los filósofos clásicos no sabían nada de la dirección magnética, mucho menos de la declinación o la inclinación, de modo que no tuvo que dedicar mucho tiempo a revisar las obras de sus contemporáneos y antecesores; no había nada muy impresionante que ver.

Capítulo 6

«EL REBAÑO DE LOS FILÓSOFOS»

Gilbert sabía que su filosofía del magnetismo era revolucionaria. Los revolucionarios suelen condenar a los lacayos del viejo régimen por sus fallos y Gilbert no fue una excepción. Minimizó a los filósofos naturales del Renacimiento, tratándoles de «rebaño» que seguía de forma obediente los caminos de la tradición. Los autores renacentistas apreciaban un vigoroso intercambio retórico, pero Gilbert excedió todos los límites. Sólo se salvaban de su pluma virulenta y poco estoica algunos «hombres prácticos y experimentados», generalmente ajenos a la filosofía natural.

Las ovejas más despreciables de su rebaño eran los profesores aristotélicos y galénicos. Las universidades estaban repletas de académicos «filosofastros» y «pedantes» que al «jurar lealtad a su maestro» habían perdido la capacidad de pensamiento crítico. El antiguo miembro de la facultad de Cambridge escribió que «la doctrina de que "él dijo, Aristóteles dijo, Galeno dijo" se ha impuesto en todas las buenas universidades. Ya no hay estudiantes que pudiéramos llamar cultos».

Otros habían criticado de forma exagerada las universidades conservadoras, pero estos críticos tampoco se salvaban de los ataques de Gilbert. En aquella época, Girolamo Cardano era el más leído de los filósofos naturales contrarios a los escolásticos. Sin embargo, Gilbert declaró que los «pesados tomos» de Cardano «no contienen nada digno de un filósofo», mientras que del también influyente rival de Cardano Julius Scaliger, afirmó que era «tan ignorante, que incluso los jardineros se burlan de él». Su «abundante verborrea» era tan poco aguda como «un puñal de plomo».

Un posible rival de Gilbert era Francesco Patrizzi, autor en 1591 de *Nova de Universis Philosophia (Nueva filosofía del universo),* obra en la que criticaba con dureza la teoría aristotélica de la materia. Gilbert declaró sin piedad que era mejor responder a los «pobres argumentos» de esta obra con «esponjas húmedas, más que con respuestas escritas». Añadió que no se trataba de una nueva filosofía, sino de un «refrito de antiguos fragmentos».

Sin embargo, había algunas excepciones que le inspiraban respeto: Peregrinus, por supuesto y el copernicano radical Giordano Bruno, ejecutado en Roma en las mismas fechas en las que apareció *De Magnete.* Gilbert también reconocía su deuda con Giambattista della Porta, cuya obra de 1558 *Magia Naturalis* incluía un capítulo importante sobre la piedra imán. Gilbert lo llamó «un inventario completo de maravillas magnéticas, que ha dado pie a más investigaciones», tal como demostraba *De Magnete.* No obstante, Gilbert consideraba a Della Porta un ignorante y aseguró que las palabras del mago parecían «las divagaciones de una vieja bruja». Por otra parte, Gilbert creía que Patrizzi estaba «convencido en exceso de la importancia de su propia opinión», ¡aunque muchos habrían dicho lo mismo de él!

No es de extrañar que cuando Gilbert repasó las explicaciones existentes sobre la polaridad, dirección, declinación e inclinación magnéticas, no halló nada de gran valor. Incluso un crítico menos negativo habría tenido problemas para decir gran cosa al respecto, ya que los filósofos anteriores ignoraban la medida en que los fenómenos magnéticos desafiaban su visión del mundo. Gilbert sólo dedicó unas líneas a desechar trescientos años de investigaciones:

> *Aquellos grandes filósofos de los elementos y todos sus descendientes hasta la fecha buscaban incesantemente las causas de los fenómenos en los cielos, en las estrellas, en los planetas, así como en el fuego, el aire, el agua y en los cuerpos de los compuestos. Por consiguiente, el rebaño de los filósofos comunes recurrió a elementos lejanos y remotos, en su búsqueda de los motivos del movimiento magnético. Martín Cortés, que no se conformaba con ninguna causa en el universo conocido, ideó un punto de atracción magnética que actuaba sobre el hierro desde más allá de los cielos. Petrus Peregrinus afirmó que el origen de la dirección se encontraba en los polos celestiales. Cardano opinaba que la causa de la rotación del hierro se encontraba en una estrella en la cola de la Osa Mayor. El francés Bessard opina que la aguja magnética se orienta hacia el polo del zodíaco. Marsilio Ficino cree que la piedra imán señala al polo ártico… Otros han recurrido a explicaciones más terrestres basadas en las rocas ¡y en quién sabe qué montañas magnéticas!* [El ideólogo de la declinación] *Livius Sanctus recurre a cierto meridiano magnético; Franciscus Maurolycus a una isla magnética; Scaliger a los cielos y las montañas, y el inglés Robert Norman al «punto respectivo».*

Esta lista parece indicar que Gilbert estaba más familiarizado con las obras latinas de filósofos naturales y médicos eruditos que con las escritas en lengua vernácula por expertos navegantes. Sin embargo, Cortés y Norman eran autores muy ambiciosos y sin duda Gilbert había realizado un repaso exhaustivo.

Las teorías se dividían en cuatro grandes grupos: cuerpos o puntos celestiales, montañas magnéticas, meridianos primarios, y el «punto respectivo» de Norman. La hipótesis de Norman era tan nueva, que apenas se conocía aún, mientras que la teoría de los meridianos verdaderos también era una novedad del siglo XVI, aunque no se trataba estrictamente de una explicación causal del magnetismo. Sin embargo, en 1602 un francés la transformaría en la primera verdadera hipótesis de un dipolo inclinado.

Por otra parte, las virtudes celestiales y las montañas magnéticas tenían un pedigrí más antiguo. Es probable que los navegantes medievales fueran los primeros en situar el origen de la virtud magnética en los cielos. Siempre habían recurrido a la estrella Polar para orientarse y supusieron que la aguja del compás hacía lo mismo. Peregrinus esperaba que su teoría sofisticada de los polos y la esfera celestiales sustituyeran aquella creencia.

Teorías celestiales

Las virtudes celestiales estaban a años luz de la Tierra magnética que propugnaba Gilbert, pero había motivos para creer que se podían transmitir al mundo sublunar. A fin de cuentas, la luz del Sol alcanzaba la Tierra, así como las virtudes astrológicas de otros cuerpos celestiales. El carácter específico de la virtud magnética, que sólo parecía afectar al hierro y a la piedra imán, era más problemática, para ésta y para las demás teorías. Sin embargo, los autores del siglo XVI contaban con un amplio repertorio de conceptos neoplatónicos y de magia natural a los que podían recurrir.

La creencia generalizada era que las virtudes de origen celestial, que a veces se consideraban emanaciones de las almas planetarias, abordaban el mundo entero. Los rayos de influencia astrológica, en forma de flujos invisibles de materia espirituosa, impregnaban una gran cantidad de sustancias, otorgándoles sus cualidades ocultas. También dictaminaban las simpatías y antipatías invisibles entre los objetos, que debían descubrir los magos a base de experimentación. La atracción por simpatía del hierro y la piedra imán era un ejemplo evidente, mientras que la antipatía entre el ajo y la piedra imán era más dudosa.

La doctrina neoplatónica de las correspondencias, que gozaba de amplia aceptación en tiempos de Gilbert, ofrecía un marco teórico para explicar estas simpatías. El Creador había replicado las propiedades del cosmos a gran escala, el macrocosmos, en varios mundos a menor escala o microcosmos. Los humanos eran microcosmos; por ejemplo, cada uno de sus siete órganos principales estaba regido por uno de los siete planetas. Asimismo, la pequeña esfera central de la Tierra mostraba analogías con los cielos.

Peregrinus había desarrollado una analogía general, según la cual cada parte de la Tierra imitaba cada parte del cielo. Los filósofos del Renacimiento solían preferir correspondencias más específicas, como las que enlazaban los siete planetas con los órganos y con los metales. Gilbert sabía que el médico y platónico florentino Marsilio Ficino había desarrollado un sistema de medicina mágica que buscaba «causas remotas» de muchas dolencias. La teoría de Ficino se diferenciaba de la de Peregrinus en que consideraba que el polo norte celestial era el único emisor de la virtud magnética, que fluía hacia todos los imanes.

Gilbert quería refutar la teoría de una causa celestial remota casi tanto como la teoría aristotélica de la Tierra pasiva; ambas ignoraban el magnetismo inherente de la Tierra. Sin embargo, los magos del siglo XVII como Robert Fludd seguían citando la «correspondencia» entre los polos norte del cielo, de la Tierra y de las piedras imán como prueba de su teoría filosófica de las simpatías. ¡Incluso tomaron la obra *De Magnete* como confirmación de sus hipótesis!

El hecho de que Ficino centrara su teoría en el polo norte celestial parece indicar que ignoraba la tendencia de la piedra imán a desviarse hacia el nordeste, aunque el experto navegante italiano Antonio Pigafetta, superviviente de la circunnavegación de Magallanes, publicó su relato del fenómeno en 1525. De Medina, que negaba la existencia de la declinación, seguía manteniendo la misma tesis. Con su plagio de Peregrinus, Jean Taisnier (y su traductor al inglés) generó un mayor interés durante los años formativos de Gilbert.

El fenómeno de la declinación llevó a algunos filósofos de la naturaleza a dudar de la teoría del polo celestial. Dado que los magos del Renacimiento atribuían virtudes específicas a muchos cuerpos celestiales, no fue difícil encontrar otro candidato más idóneo. El astro predilecto de los navegantes, la estrella Polar, se encontraba a un par de grados del polo y era el aspirante más lógico. Y Gilbert se había equivocado respecto a Cardano, que también eligió la estrella Polar.

Una objeción a la teoría del origen estelar era que las estrellas parecían girar alrededor del polo celestial, un movimiento que no seguía la aguja del compás. Este detalle no impidió al médico francés Jean Fernel –que trató el tema de la piedra imán en su obra *De Abditis Rerum Causis (Las causas ocultas de las cosas)*– señalar una estrella en la cola de la Osa Mayor como origen del magnetismo.

El experto navegante Cortés trató de salvar la teoría del origen celestial del error cometido por Fernel y por Cardano. Estaba convencido de que la declinación era real, regular y constante, por lo que necesitaba identificar un punto fijo del que emanara la virtud magnética. Sin embargo, todos los puntos celestiales excepto los polos giraban, de modo que en su obra *El arte de la navegación* situó el origen del magnetismo más allá del cosmos. La teoría del magnetismo celestial estaba en apuros y los imanes terrestres parecían más prometedores.

Montañas y puntos terrestres

El primero en situar el concepto de la montaña magnética en el mapa, literalmente, fue el gran cartógrafo Gerard Mercator. Las leyendas sobre poderosas montañas, islas o rocas capaces de atraer a los barcos e incluso de extraer los clavos del casco de una embarcación provenían de las historias clásicas. Hubo versiones elaboradas de estas leyendas en las historias populares árabes como *Las mil y una noches* y fueron tema de disquisición para geógrafos y navegantes medievales. Los italianos sospechaban que la isla de Elba afectaba a las agujas de sus compases, pero durante el siglo XVI la idea evolucionó hasta conjeturar que existía una masa continental a cierta distancia del polo norte, que controlaba la dirección magnética y era responsable de la declinación.

El geógrafo sueco Olaus Magnus sirvió de inspiración a Mercator para incluir una «*Magnetum Insula*» al norte de Siberia, en su globo terráqueo de 1541. Ajustó la posición de la isla calculando las intersecciones de meridianos magnéticos confiables. Su célebre e imitado mapa de 1569, trazado según su nueva proyección, incluía dos ubicaciones posibles. Los cartógrafos franceses y holandeses copiaron la ubicación predilecta de Mercator, situada en el supuesto meridiano principal del Atlántico.

Julius Scaliger demostró que la hipótesis de la montaña magnética se podía compaginar con la vieja creencia en el origen celestial del magnetismo. Al igual que Cardano, Scaliger creía que la virtud magnética emanaba de la estrella Polar, pero él afirmaba que una montaña magnética era el receptor terrestre de estas emanaciones.

Cuando Robert Norman anunció el descubrimiento de la inclinación magnética, argumentó de forma convincente que minaba tanto la teoría del origen celestial como la de la montaña magnética. Gilbert opinaba que el «punto respectivo» de Norman mostraba el mismo funesto fallo que aquellas teorías: las tres se centraban en Europa, según la creencia asimétrica de que las brújulas sólo señalaban al norte. Por otra parte, los imanes bipolares serían igualmente capaces de señalar el sur, o en opinión de Gilbert, de alinearse con ambos polos. El «rebaño» bien podría haber propuesto una estrella de la Cruz del Sur o una montaña de la Antártida para explicar el polo sur de la magnetita o el funcionamiento simétrico de los compases en el hemisferios austral, pero no lo hicieron.

El punto más débil de todas las explicaciones anteriores a la de Gilbert no era teórico sino empírico. Ya señalara la aguja hacia un punto celestial, una montaña magnética o un meridiano principal, la variación debería haberse ajustado a una norma y haberse distribuido de forma regular en la superficie de la Tierra. Sin embargo, aumentaba la evidencia de que no lo hacía.

Es probable que Gilbert fuera el primero de los filósofos de la naturaleza en negar una interacción sencilla y directa entre la aguja del compás y la fuente de la virtud magnética. Lo hizo después de familiarizarse con la tradición náutica inglesa, cuyos expertos navegantes conocían bien el carácter veleidoso de la declinación magnética.

Descartó las explicaciones de sus antecesores porque «se contradicen con la experiencia práctica». Se refería sin duda a la experiencia práctica de los navegantes ingleses, cuya maestría se había enriquecido con más de un siglo de experiencia de los exploradores ibéricos, junto con la innovación de hombres como Norman, Borough y Wright. Los conocimientos empíricos sobre complejos fenómenos magnéticos se habían acumulado a tal velocidad que habían dejado atrás la teoría. Los ingleses temían que esta cuestión «sobrepase el alcance de la filosofía natural», por lo menos la del rebaño. Sin embargo, la revolución de Gilbert la ponía al alcance. La filosofía del magnetismo mostraba que la Tierra magnética estaba al alcance de la mano.

SEGUNDA PARTE

DE MAGNETE: LA NUEVA FILOSOFÍA DE GILBERT SOBRE EL MAGNETISMO TERRESTRE

Capítulo 7

EL NUEVO MUNDO DE WILLIAM GILBERT

De Magnete es un hito curioso en la historia de la ciencia. En su obra de 1859 *History of the Inductive Sciences*, William Whewell afirmó que «el trabajo de Gilbert contiene todos los hechos fundamentales de la ciencia (del magnetismo), desarrollados de forma tan completa que hasta la fecha poco le podemos añadir». Se trata de una opinión generosa, pero es innegable que *De Magnete* está repleto de hechos detallados, incluso triviales. Esto explica su atractivo para autores victorianos como Whewell, así como para muchos en la actualidad que creen que los científicos emplean un método inductivo, empezando con observaciones metódicas que se extienden mediante numerosos experimentos, hasta alcanzar una conclusión general. Se ha dicho que el proyecto de Gilbert consistió en «averiguar todo lo que se podía saber de los imanes». Este proyecto tendría sentido de haberse establecido ya la naturaleza fundamental de la fuerza magnética. Gilbert logró determinar cuál era esta naturaleza, pero ningún filósofo natural del Renacimiento que se preciara habría reunido una colección de piedras imán y se hubiera propuesto pasar dieciocho años estudiando sus propiedades ocultas, con la esperanza de que resultaran ser más importantes de lo que se pensaba.

¿Por qué se dedicó Gilbert a investigar y a publicar una obra sobre las piedras imán? ¿Acaso quería determinar las cualidades del hierro? Sin duda no fue por eso. ¿Sería la piedra imán el sujeto elegido por Gilbert para demostrar el poder del método experimental? Sin duda, *De Magnete* fomentó la experimentación, pero ¿por qué centrarse en la piedra imán? ¿Le motivaron los problemas de la navegación, con la esperanza de prestar sus servicios a la reina Isabel I de Inglaterra? Éste habría sido un motivo más sólido, pero en realidad fue secundario. ¿Se convirtió Gilbert, tal como sugirió Francis Bacon, en un pesado sabiondo del magnetismo? Todos conocemos especialistas de ese tipo. Pero en realidad, a Gilbert le motivaban intereses más cósmicos.

De Magnete no fue el único libro escrito por Gilbert; en total escribió tres. Sus otros dos libros incluyen alguna mención del magnetismo, pero la suma de las tres obras refleja un programa más ambicioso: Gilbert quería sustituir la filosofía aristotélica de la naturaleza con el sistema visionario del mundo que había articulado él mismo. La teoría de Gilbert sobre el magnetismo terrestre era la piedra angular de su nueva cosmología. Ése sí era un motivo que justificaba gastar una fortuna isabelina en experimentos magnéticos.

Otro libro de Gilbert apareció con el título de *De Mundo Nostro Sublunari (Una nueva filosofía de nuestro mundo sublunar)*, aunque suele llamarse sencillamente *De Mundo.* Gilbert jamás lo publicó, ni siquiera llegó a completarlo, pero su medio hermano William aprovechó el éxito póstumo de *De Magnete* y presentó los manuscritos al hijo científico del rey Jacobo I de Inglaterra, el príncipe Enrique. Bacon leyó el texto y en 1651 se publicó una copia hallada entre sus manuscritos.

Dado que Gilbert no pudo autorizar desde ultratumba la edición realizada por su hermano, no tenemos forma de saber cuánto alteró el joven William el texto, ni cuándo lo escribió su medio hermano y mucho menos si después de escribir *De Magnete*, Gilbert aún consideraba *De Mundo* una obra válida y vigente. Podemos afirmar casi con toda certeza que otro libro llamado *Nova Meteorologia Contra Aristotelem* fue una obra de juventud, que probablemente Gilbert dejó inacabada alrededor de 1583. Es posible que quedara insatisfecho con esta obra, de modo que sólo podemos extraer de ella dos conclusiones seguras: Gilbert se había rebelado contra la teoría aristotélica de la materia mucho antes de 1600 y ya entonces creía que la Tierra y la Luna eran esferas magnéticas (*Nova Meteorologia* afirmaba que la Tierra giraba gracias a su virtud magnética, mientras que el magnetismo lunar provocaba las mareas).

Pero más adelante escribiría un libro mucho más ambicioso, llamado *Physiologia Nova Contra Aristotelem (Una nueva filosofía natural contra Aristóteles)*. Éste fue el libro en el que Gilbert formulaba una filosofía natural completamente revolucionaria de la Tierra y de los demás orbes celestiales. Trabajó en esta obra desde la década de 1590 hasta su fallecimiento, al mismo tiempo que redactaba y revisaba *De Magnete*. En *De Magnete* Gilbert mencionaba temas en los que prometía profundizar «en otra obra», como la temperatura y las clases de atracción. *Physiologia Nova* era la «otra obra» en cuestión.

Physiologia Nova contiene referencias a *De Magnete*, aunque no trata del magnetismo y no presenta experimentos magnéticos nuevos. Poca gente ha leído ambos libros. Cuando se publicó en 1651, el contenido de *Physiologia Nova* ya no se consideraba una novedad e incluso se veía como algo anticuado. Al no considerarse un texto científico clásico, jamás se ha publicado una traducción de este libro. Al leer ambas obras, *De Magnete* puede parecer un anexo técnico de *Physiologia Nova*, que contiene una cosmovisión completa construida sobre el postulado de que la Tierra era magnética. Mientras *De Magnete* presentaba el funcionamiento de la Tierra magnética, con pruebas experimentales y aplicaciones para la navegación, todas las conclusiones, tramas secundarias, notas filosóficas y misterios sin resolver sugeridos en *De Magnete* están resueltos en *Physiologia Nova*. Veámosla.

Los cielos de Gilbert

El universo concebido por Gilbert era infinito. Éste no era un concepto nuevo, pero el único en proponerlo en serio antes de Gilbert, en el año 1584, había sido Giordano Bruno, el filósofo radical ejecutado en Roma el mismo año en que se publicó *De Magnete*. La astronomía copernicana hacía posible el concepto: si la Tierra giraba y las estrellas eran estáticas, ya no tenían que estar confinadas en la esfera sólida de Ptolomeo.

Rivalizando en radicalismo con Bruno, Gilbert afirmó que el espacio interestelar e interplanetario era un vacío. Este concepto no sólo negaba la existencia de la esfera estelar sólida, sino que también acababa con el complejo mecanismo aristotélico de esferas que supuestamente impulsaba el desplazamiento de los planetas. Una serie de estudios astronómicos sobre los cometas impresionaron a Gilbert. Según la creencia vigente entonces, los cometas eran simples emisiones de vapores subterráneos, que se consumían en la atmósfera. Sin embargo, Tycho Brahe y Thomas Digges habían observado con atención el paso de un cometa, que se desplazaba por la región interplanetaria sin toparse con ningún obstáculo o materia sólida. Quizá la modernidad de Gilbert sea sorprendente, pero cabe recordar que entonces no existía prueba alguna de que el cosmos fuera infinito y vacío. A diferencia de su teoría de la Tierra magnética, estos conceptos no eran más que elucubraciones sin más fundamento que su propia opinión; radicales, brillantes, verosímiles, coherentes y afortunadas, pero elucubraciones al fin y al cabo. La historia no ha sido tan indulgente con muchas de las otras propuestas que formuló.

¿Qué sostenía a las estrellas en su posición o impulsaba a los planetas en sus órbitas regulares? Gilbert estaba convencido de que cada cuerpo celeste tenía su propia energía motriz interna. Tal como proponía en *De Magnete*, la energía propia de la Tierra era el magnetismo. Según Gilbert, el magnetismo terrestre era una virtud intrínseca, una especie de alma o «vida interna». Se trataba de una fuerza inmaterial que mantenía cohesionada la esfera terrestre, pero que también se propagaba hacia el espacio vacío y giraba sobre su eje. La virtud de la Luna era parecida: esta «compañera de la Tierra» actuaba sobre ella y provocaba las mareas. Gilbert sentía tanto interés por la Luna que su obra *Physiologia Nova* contenía el primer mapa lunar.

Tomando como punto de partida la Tierra y la Luna, extendió su teoría a los demás planetas. Las virtudes de cada uno eran análogas al magnetismo, pero propias de cada planeta. La virtud del Sol era literalmente visible: era su luz, definida por Gilbert como una radiación inmaterial, ajustándose al concepto tradicional. Un planeta como Júpiter tendría su propia virtud «jovial», que además de controlar la esfera del planeta proyectaría su influencia hacia el espacio.

Gilbert estaba convencido de que la virtud solar dominaba y gobernaba el sistema planetario, estimulando e «incitando» a las demás virtudes planetarias a propulsar los planetas alrededor del Sol. La idea de que la energía lumínica del Sol era la fuerza más potente del cosmos no era nueva: los aristotélicos ya habían afirmado que la luz del Sol afectaba a la vida en la Tierra mucho más que cualquier otra influencia planetaria. Copérnico había citado este factor como argumento a favor de la centralidad del Sol, pero Gilbert desarrolló la idea hasta convertirla en la base de una dinámica verosímil del sistema solar. El sistema debía su verosimilitud a los estudios experimentales de la fuerza magnética realizados por Gilbert.

Pero incluso en *Physiologia Nova*, Gilbert evitaba afirmar claramente que la Tierra girara alrededor del Sol, ocultando su propia opinión al respecto (su evasiva más ingeniosa consistió en asegurar que un universo infinito carecería de centro). Por otra parte, la teoría de la dinámica que formuló, su reiteración de los argumentos propuestos por Copérnico y los testimonios de sus coetáneos revelan la verdadera posición de Gilbert sobre esta cuestión.

La Tierra celestial de Gilbert

Y así regresamos de nuevo a la Tierra. Al despachar las teorías aristotélicas, Gilbert reservó su mayor desprecio para la férrea división que marcaban éstas entre el mundo celestial y el terrestre. Lo que más le satisfacía de su nueva filosofía magnética era que atribuía a la Tierra la misma propiedad noble y vital de autopropulsión que según los aristotélicos era exclusiva del reino perfecto de los cielos. La Tierra de Gilbert no era una esfera pesada, inerte y pasiva, formada de *faeces mundi* y condenada a permanecer inmóvil en el centro del universo. Recurriendo a la terminología neoplatónica empleada por Copérnico, Gilbert explicaba el papel que jugaba la Tierra en el concierto armonioso de los desplazamientos celestiales.

Como ya había hecho en *De Magnete*, Gilbert dirigió sus ataques contra la teoría aristotélica de la materia sublunar y especialmente contra su concepto de la tierra elemental. Gilbert articuló la estructura el primer libro de *Physiologia Nova* siguiendo los mismos temas defendidos por la filosofía aristotélica: ¿Cuáles eran los elementos? ¿Qué eran el fuego, el aire y el agua? ¿Cuál era la naturaleza de las propiedades primarias (calor, frío, gravedad y levedad)? Y así sucesivamente. Ofrecía respuestas como «No son lo que usted cree», «No existen» o «Tales conceptos son absurdos». Sus ataques contra la medicina galénica eran tan virulentos que, de haberse publicado, habrían afectado gravemente las relaciones entre Gilbert y el Colegio de Médicos. Después de despachar a Aristóteles, a Galeno y a los demás «filósofos del rebaño», en su siguiente libro Gilbert desarrolló una teoría propia de la materia.

Objetivamente, la nueva teoría de los elementos desarrollada por Gilbert dejaba mucho que desear: afirmaba que en el «mundo sublunar» sólo había una clase de materia, un solo elemento. Ésta era la sustancia magnética pura y homogénea de la que estaba hecho todo excepto la superficie de la Tierra y su atmósfera. Gilbert atribuía a esta tierra pura una humedad natural que le permitía cuajar o ligarse. En consecuencia, cualquier sustancia húmeda o acuosa derivaba de la Tierra.

Con esta escasez de elementos, la «humedad» de Gilbert debía mostrar una versatilidad admirable. Al separarse de la tierra verdadera formaba efluvios, el más común de los cuales era el agua o más bien (dado que rechazaba el elemento aristotélico del agua) varios tipos de «humores acuosos». Éstos se convertían en las aguas potables de los ríos y los lagos, así como el agua salada del mar. Los «humores oleosos» se convertían en minerales.

Según Aristóteles, la gran variedad de sustancias en el mundo debía su existencia a las distintas combinaciones de las cuatro cualidades que había formulado. Gilbert sólo permitía que las sustancias variasen de temperatura o de humedad. Dado que la humedad era parte de la tierra pura, el calor era la única cualidad externa que permitía. El calor procedente del Sol o del interior de la Tierra expandía los efluvios acuosos hasta convertirlos en los componentes de la atmósfera; ¡ni siquiera aceptaba la existencia del elemento aire! El fuego no se podía considerar una sustancia, sino la muestra visible de un efluvio sujeto a un calor intenso.

Esta teoría elemental de la materia formulada por Gilbert podía considerarse una alternativa interesante a las hipótesis de Aristóteles o de Patrizzi. Sin embargo, no marcó precisamente el camino hacia Mendeleev y la tabla periódica. Al igual que otras teorías de la materia basadas en un solo elemento, la de Gilbert estaba repleta de contradicciones. El filósofo no se había detenido a pensar mucho en una conclusión lógica que ya habían alcanzado los antiguos griegos: la gran variedad de elementos existentes en el mundo no podía surgir de una sustancia única. La terminología que empleaba («cualidades», «humores», «tierra verdadera») era completamente aristotélica, mientras que la evidencia que mostraba no pasaba de lo anecdótico. Carecía por completo del rigor experimental de su obra anterior *De Magnete*.

Sin embargo, *De Magnete* servía de apoyo experimental para una de las teorías más extraordinarias formuladas por Gilbert: su famosa sección sobre la electricidad llegaba a la conclusión de que ésta era una «concreción» del humor acuoso, atraída cuando un calor suave liberaba el humor en forma de efluvio. En *Physiologia Nova* afirmaba que los efluvios atmosféricos mostraban la misma cualidad de atracción y realizaban la misma labor que nosotros (y Aristóteles) atribuimos a la gravedad terrestre. La superficie de la Tierra atraía a los objetos de la misma forma en la que un globo friccionado atraía a la pelusa. Un corolario de la teoría de Gilbert sobre los efluvios era que esta especie de gravedad sólo ejercía su influencia hasta la superficie terrestre. Uno de los pocos «experimentos» nuevos incluidos en *Physiologia Nova* parecía corroborar esta teoría: Gilbert aseguraba que un jinete conocido suyo había caído en un pozo muy profundo y había salido completamente ileso.

Pero a pesar de estas lagunas de razonamiento, *Physiologia Nova* no es un libro malo ni carente de interés. Simplemente, no es tan interesante como *De Magnete.* En realidad no es peor que las publicaciones contemporáneas de Giordano Bruno o de Francesco Patrizzi. Ellos también eran radicales que concibieron un universo nuevo y también se enfrentaron a grandes obstáculos. En resumen, *Physiologia Nova* formaba parte del género emergente de la «nueva filosofía de la naturaleza» que rompía con las ideas aristotélicas. Su autor, Gilbert, se ajustaba al perfil establecido del filósofo de la naturaleza revolucionario, con grandes ambiciones de romper el molde de la cosmología renacentista.

Por otra parte, ni Bruno, ni Patrizzi ni sus otros contemporáneos escribieron nada parecido a *De Magnete.* A diferencia de Gilbert, ellos no fundaron una rama nueva de la ciencia ni fueron responsables de una revolución científica. Esto hace más complejo el dilema de *De Magnete.* Después de leer *Physiologia Nova,* muchos lectores se han preguntado cómo era posible que el pionero de la ciencia magnética y eléctrica, que contaba con una formación experimental tan sólida, hubiera recaído en una mera especulación renacentista, completamente infundada. Se preguntan por qué había escrito una obra cuestionable de copernicanismo animista, después de haber producido un libro brillante sobre el geomagnetismo. Estos lectores parten desde una posición de fe en la superioridad incuestionable de la ciencia moderna, cuyos principios ven reflejados en *De Magnete*, y no entienden cómo pudo el mismo Gilbert escribir *Physiologia Nova*.

Yo prefiero considerar que *De Magnete* es la excepción. *De Magnete* aseguraba ser un tratado de filosofía de la naturaleza, pero enseguida rompía los moldes de este campo, concentrándose de forma insólita en el hierro y en las piedras imán, con un empleo constante y revolucionario de nuevos experimentos. El dominio de los conocimientos técnicos demostrado en *De Magnete* no tenía precedentes, mientras que su integración de la filosofía natural pura con las artes aplicadas de la navegación era completamente innovadora. La pregunta es: ¿cómo llegó Gilbert a escribir *De Magnete*?

Capítulo 8

EL RECORRIDO HISTÓRICO HACIA *DE MAGNETE*

Es probable que el recorrido hacia *De Magnete* empezara en la década de 1570. Gilbert había dejado ya la universidad de Cambridge y estaba desilusionado con la teoría aristotélica y galénica de la materia. Su investigación empezó el año 1569 con observaciones meteorológicas de los vientos y de los cometas que le impulsaron a cuestionarse la aplicación aristotélica de las cualidades calientes, frías, húmedas y secas, por lo menos en lo que respecta a la climatología. A lo largo de la década de 1570 y principios de la de 1580, los datos se convirtieron en el proyecto de una nueva ciencia meteorológica, contraria a las teorías aristotélicas. Sus estudios de los temas tradicionales de la meteorología, que incluían los vientos, los mares, los ríos y las mareas, así como las exhalaciones aristotélicas de las entrañas de la Tierra, llevaron a Gilbert a pensar en la naturaleza de la Tierra misma. Los filósofos naturales de la última etapa del Renacimiento creían que quizá la Tierra era más noble y tenía una mayor actividad vital que la que le atribuían los aristotélicos tradicionales, y Gilbert se sumó a esta tendencia.

Gilbert había empezado a practicar la medicina en Londres y entonces, como ahora, los pacientes solían responder con escepticismo a los diagnósticos médicos. Las obras memorables del actor y dramaturgo francés Molière satirizaban la percepción generalizada de que el repertorio de cualidades y virtudes específicas de los médicos no eran más que supercherías. Gilbert no sólo reconocía que su profesión adolecía de un recurso excesivo y mecánico a la teoría galénica, sino que gran parte de esta teoría estaba equivocada. El galenismo aseguraba que las facultades del cuerpo y muchas drogas específicas actuaban de forma análoga a las piedras imán, atrayendo el bien o repeliendo residuos tóxicos. El rechazo que sentía Gilbert por esta analogía de la atracción magnética debió de contribuir a su voluntad de desechar la teoría galénica y formular una completamente nueva.

A principios de la década de 1580, el doctor Gilbert frecuentaba la corte real y los círculos más excelsos de Londres, donde debió de conocer a otros profesionales, matemáticos y secretarios humanistas, como el mencionado Thomas Digges, que realizaban labores militares y navales para sus patrones y mecenas. Durante la década de 1560, es más probable que escuchara opiniones favorables a Copérnico entre estos individuos, que entre los matemáticos de Cambridge. Gilbert también se abonó a las teorías copernicanas, por lo menos a la tesis moderada de que una Tierra central giraba sobre su propio eje. La posición copernicana y contraria a las ideas aristotélicas, de que la Tierra se movía y compartía las cualidades nobles de los demás cuerpos celestiales, encajaba con las bases de su propio rechazo de la teoría aristotélica de los elementos. Tenía los conocimientos matemáticos suficientes como para comprender que el sistema descrito por Copérnico en su primer libro era mucho más eficiente y armónico que la alternativa defendida por los aristotélicos, aunque no llegó a conocer la teoría a fondo. Sin embargo, era consciente de que ningún seguidor de Copérnico había logrado explicar aún cómo se desplazaba la Tierra y responder así a las principales objeciones de los aristotélicos a la nueva teoría.

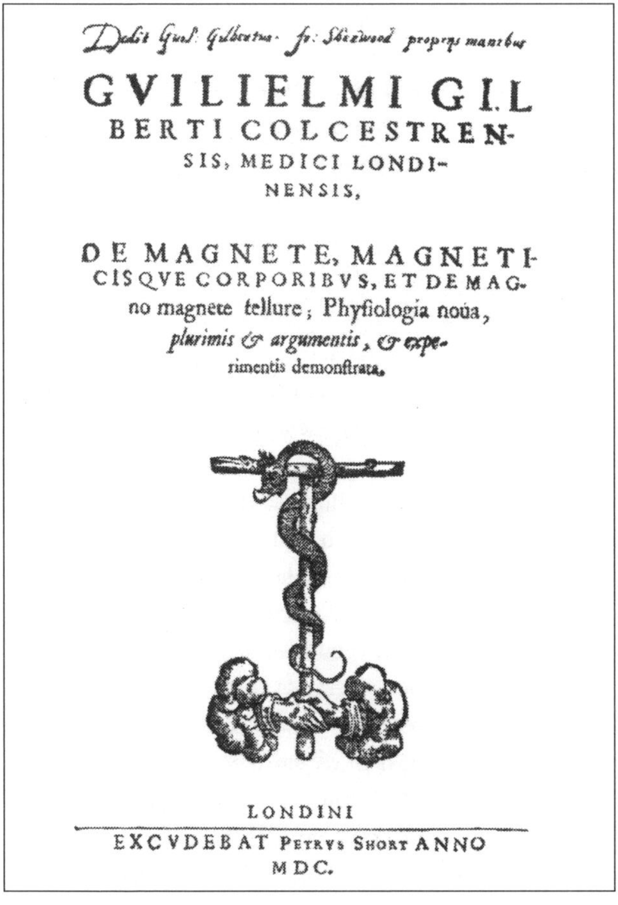

GVILIELMI GIL
BERTI COLCESTREN-
SIS, MEDICI LONDI-
NENSIS,

DE MAGNETE, MAGNETI-
CISQVE CORPORIBVS, ET DE MAG-
no magnete tellure; Physiologia noua,
plurimis & argumentis, & expe-
rimentis demonstrata.

LONDINI

EXCVDEBAT PETRVS SHORT ANNO
MDC.

Ilustración 5: **Portada de la primera edición de *De Magnete*, (Londres, 1600)**

El primer editor de la obra clásica de Gilbert fue un vecino suyo, Peter Short. Su título completo era Una nueva filosofía natural de la piedra imán, los cuerpos magnéticos y el gran imán de la Tierra, demostrada con muchos razonamientos y experimentos, de William Gilbert de Colchester, médico en Londres.

El encuentro de Gilbert con la carta de Petrus Peregrinus sobre la piedra imán debió de ser un momento definitorio. Es posible que la leyera gracias a la traducción al inglés de Richard Eden, publicada en 1579 como anexo al *Arte de la navegación* de Martín Cortés. Aquel texto resultaba atractivo para una serie de expertos en navegación con inquietudes filosóficas, como Robert Norman, que ya en 1581 fue el primero en sugerir un origen interior del magnetismo terrestre. Es probable que Gilbert entablara contacto con expertos como éstos a lo largo de la década de 1580, gracias a los nobles y comerciantes que formaban su lista de pacientes hasta bien entrado 1590.

Peregrinus había proporcionado a Gilbert los conceptos básicos tras experimentar con una piedra imán esférica, aunque cabe destacar que él la empleó como analogía de la esfera celestial, no del globo terráqueo. Sin embargo, había atribuido al magnetismo una importancia cósmica y había afirmado que la piedra imán esférica giraba, imitando al cielo. Gilbert sólo tenía que dar el paso de trasladar la analogía de la esfera celestial a la Tierra misma y es probable que diera exactamente ese paso a principios de la década de 1580.

Sin embargo, realizar este cambio de la esfera celestial al globo terráqueo habría sido prácticamente impensable para cualquier pensador, hasta que se le ocurrió a Gilbert, ya que con este paso atribuía virtudes celestiales a la Tierra. Como hemos visto, entonces se creía que los cuerpos celestiales eran el origen de virtudes como el magnetismo. El neoplatonismo renacentista, que por otra parte era la fuente de muchas críticas de las teorías aristotélicas, no había hecho más que reforzar esta idea. Sin embargo, Gilbert dejó atrás a los demás naturalistas del Renacimiento con su convicción de que la Tierra estaba a la par de los demás planetas. Este concepto desafiaba la teoría aristotélica de la Tierra pasiva y elemental. Asimismo, la transposición realizada por Gilbert llevaba implícita la idea de que no eran las esferas celestiales las que giraban cada veinticuatro horas sino la Tierra. Este concepto sólo sería atractivo para un seguidor (por lo menos parcial) de Copérnico, y Gilbert fue uno de los primeros. Por último, este concepto concedía propiedades magnéticas a la Tierra.

Sólo pudo habérsele ocurrido a un filósofo de la naturaleza que estuviera familiarizado con el arte de la navegación magnética.

Si consideramos que 1583 fue la fecha en que Gilbert escribió su obra *New Meteorology,* ésta debe coincidir con la época en que se le ocurrió su gran idea de la Tierra magnética. Encontramos una alusión breve al concepto en su descripción de las mareas:

> *Existen dos causas principales* [de las mareas]: *la Luna y la rotación diaria. La Luna no impulsa los mares mediante la luz ni sus rayos. ¿Entonces cómo? Seguramente se trata de una interacción mutua de los cuerpos (de la Luna y de la Tierra) y de una especie de atracción magnética.*

Edward Wright, el profesor de navegación y autor de la introducción de *De Magnete*, confirmó la fecha de 1583. Entonces, Gilbert había mantenido oculta su filosofía del magnetismo «no durante nueve años, siguiendo el consejo de Horace, sino durante casi el doble de ese tiempo». Wright sabía muy bien que Gilbert no había abandonado sus investigaciones durante ese tiempo, ya que a lo largo de los años él mismo le había suministrado un cúmulo de datos sobre la navegación magnética, algunos de los cuales aún no estaban disponibles en 1593 y mucho menos en 1583. Wright aseguró que durante todos estos años, Gilbert se había dedicado a «leer y asimilar todo lo que se publicó al respecto» del magnetismo. Asimismo, después de «muchos años e incontables experimentos ingeniosos», Gilbert había logrado sacar la filosofía del magnetismo «de la oscuridad y de las penumbras... que están repletas de filosofastros superficiales e incompetentes».

Esto acaba con la imagen de Gilbert como filósofo del magnetismo y científico puramente inductivo, ajustado al molde de Francis Bacon. Al parecer, primero se le ocurrió la hipótesis y después procedió a conseguir los datos que la respaldaran. Transcurrieron casi dos décadas antes de que Gilbert publicara su teoría, durante las cuales recopiló pruebas, diseñó experimentos e investigó todo lo publicado sobre el magnetismo. Estudió la obra *Magia Natural* de Della Porta; tomó las investigaciones de este autor y de Peregrinus como punto de partida para trabajar con imanes esféricos y de otras formas, hasta reunir un cúmulo impresionante de datos experimentales. Leyó los pasajes breves sobre la piedra imán que incluían muchas obras filosóficas, así como algunas de las muchas obras de navegación dedicadas a la aguja magnética. Conoció a capitanes marítimos como Francis Drake, a eruditos de la brújula y el compás como William Barlow, y a matemáticos prácticos como Wright. A medida que recopilaba datos que respaldaran su filosofía, comprendió que la teoría de la Tierra magnética revolucionaría el arte de la navegación. En 1597, esta gran utilidad potencial de la filosofía del magnetismo le ofreció un incentivo adicional para publicar sus estudios. Edward Wright le había asesorado en muchos aspectos técnicos y se aseguró de que todo el contenido que tratara el tema de la navegación fuera preciso y exhaustivo.

Gilbert consideró que *De Magnete* estaba listo para la imprenta en 1600. Tenía asumido que se enfrentaría a las críticas de los académicos tradicionales, pero no le preocupaba la solidez de sus datos magnéticos, sino su nueva filosofía del magnetismo. La obra de Gilbert era una defensa integral del concepto meridiano de su filosofía magnética: el carácter vital, noble, móvil, celestial y magnético de la Tierra.

Una nueva historia de la ciencia para una nueva Tierra

De Magnete se ha convertido en un clásico en parte porque muchos historiadores lo han visto como una ruptura con la filosofía renacentista de la naturaleza y el inicio de la ciencia moderna experimental. Su obra posterior *Nova Physiologia* y el concepto defendido por Gilbert del alma magnética de la Tierra demuestran que ésta es una visión excesivamente simplista, aunque no carece del todo de validez. Gilbert había dejado atrás algunos preceptos del Renacimiento, pero su salto más revolucionario pasó desapercibido. Explica por qué *De Magnete* fue la primera gran obra experimental y por qué Gilbert, al igual que Francis Bacon, defendía un nuevo comienzo para la filosofía de la naturaleza basado en la experimentación. Gilbert estaba convencido de que éste era un paso imprescindible para la historia de la ciencia.

Tal como implica el nombre de la época, lo que tenían en común los filósofos naturales del Renacimiento era que se dedicaban a «redescubrir», analizar y mejorar los conocimientos de la antigüedad. Los pensadores del Renacimiento no compartían nuestro concepto actual del progreso; para ellos, el avance consistía en escapar de lo que ellos percibían como la profunda ignorancia de la Edad Media, mediante un redescubrimiento de los grandes logros conseguidos en la antigüedad. Algunos autores anteriores a Gilbert y Bacon habían reconocido que la existencia del compás náutico demostraba que la tecnología y las artes modernas habían superado ya a los griegos y los romanos. Sin embargo, las artes no eran lo mismo que la filosofía. Los conceptos básicos enarbolados por Sócrates, Platón, Aristóteles, Galeno, Ptolomeo y demás aún representaban la cima del conocimiento humano sobre la naturaleza, aunque fuera permisible corregir algunos errores e incorporar nuevos descubrimientos.

Una serie de humanistas cristianos muy influyentes habían afirmado que la gran sabiduría de los antiguos derivaba de su mayor proximidad con el momento de la creación divina de la Tierra. Antes de que Adán cometiera el pecado original, Dios le había concedido un conocimiento perfecto de la naturaleza. Este conocimiento se fue degenerando junto con la degradación generalizada del mundo, tanto en lo moral como en lo físico. Esta visión del declive histórico del conocimiento implicaba la posibilidad de que otros filósofos anteriores a Aristóteles hubieran tenido una mayor sabiduría que el maestro. Convencido de esta posibilidad, Marsilio Ficino se dedicó a resucitar primero el platonismo y más adelante a los pensadores presocráticos como Pitágoras (cuya existencia no es segura) y al antiguo sacerdote egipcio Hermes Trismegisto (que sin duda no existió). El neoplatonismo y la magia hermética fueron dos campos predilectos de la filosofía durante el siglo XVI.

Esta ideología de «regreso al futuro» no impidió a los filósofos naturales ni a los matemáticos del Renacimiento lograr auténticos avances. La astronomía heliocéntrica de Copérnico es un ejemplo perfecto. Sin embargo, Copérnico aseguraba que su trabajo representaba la recuperación y mejora de un sistema conocido entre los pensadores anteriores a Ptolomeo, incluido Hermes. Giordano Bruno empleaba argumentos similares y a pesar de la novedad de la teoría de la materia presentada por Patrizzi en su *Nueva Filosofía*, el autor también la justificaba con referencias a las ideas anteriores a Aristóteles, extraídas de lo que Gilbert llamó «fragmentos antiguos y descuidados».

Era evidente que Gilbert tenía una visión diferente de la historia de la ciencia. El primer capítulo de su obra *De Magnete* se titulaba «Escritos de autores antiguos y modernos sobre la piedra imán: varias opiniones y desvaríos». La frase inicial del capítulo presentaba un desafío frontal para la ideología del Renacimiento:

> *En otros tiempos, una filosofía elemental poco desarrollada se veía empañada por las penumbras del error y la ignorancia, aunque es cierto que se conocían y se comprendían algunas de las propiedades de las cosas. Sin embargo, en el mundo de las plantas y las hierbas todo era confusión, la minería estaba poco desarrollada y la mineralogía estaba completamente despreciada.*

La piedra imán se descubrió por casualidad, pero lo poco que se sabía de ella no impidió a Platón ni a Aristóteles filosofar al respecto. «Para evitar que la historia de la piedra imán fuera demasiado breve, (los griegos y los romanos) añadieron ciertas falsedades que en tiempos antiguos, así como en la actualidad, dispensaban copistas y falsos eruditos para que la humanidad las consumiera».

Hay otros comentarios parecidos a lo largo de *De Magnete* y muchos más en De Mundo. Gilbert había desarrollado una historia completa de la ciencia. Según la visión tradicional renacentista, los estudiosos se dedicaban a construir sus postulados sobre cimientos, verdades y tradiciones antiguas. La misión revolucionaria de Gilbert consistía en demostrar que todos estos cimientos eran falsos y que las falsedades no habían hecho más que aumentar a lo largo de los siglos. Sin embargo, Gilbert aplaudió los primeros esfuerzos de la humanidad en el campo de la filosofía magnética y alabó a los antiguos egipcios, así como a los presocráticos como Tales, por haber sugerido que las piedras imán tenían alma. Por otra parte, no creía que aquellos pensadores hubieran acertado porque tuvieran acceso a una misteriosa sabiduría antigua. Por el contrario, vivían en una época de ignorancia incivilizada y sus aciertos se debían a que basaban sus teorías en su experiencia práctica y en su empleo de la naturaleza para fines humanos. Asimismo, tenían «libertad para filosofar, sin haberse entregado a las palabras de un maestro, como sucede en la actualidad».

Gilbert sostenía que el origen del desastre había sido Aristóteles, el llamado «maestro de los eruditos». La filosofía natural aristotélica no se había convertido en el paradigma dominante gracias a su supuesta posesión de la verdad indiscutible, ni siquiera porque fuera especialmente buena. Por el contrario, «Aristóteles acumuló poder e influencia sobre los demás filósofos, así como su alumno Alejandro (Magno, que también fue su mecenas) adquirió poder sobre los gobernantes del mundo». El triunfo de la teoría aristotélica de la materia se cimentó gracias a médicos como Galeno, teólogos como santo Tomás de Aquino y profesores universitarios como los que había dejado atrás en Cambridge.

Finalmente, cuando Galeno se apuntó a la teoría de la materia de Aristóteles y los médicos sumaron su apoyo, mediante una transformación increíble, este mundo terrenal pasó a estar compuesto de cuatro elementos, muy distintos a los de la era anterior. Muy pronto, todos tuvieron que jurar lealtad a estos conceptos, que se integraron en la enseñanza y en el discurso religioso por igual. Es obligatorio para los jóvenes estudiantes enfrentarse a estas banalidades.

Gilbert también reflexionaba sobre la historia de las matemáticas y de la astronomía, explicando por qué tanta gente aceptaba que los cielos eran esferas sólidas que envolvían la Tierra. La astronomía había nacido en Oriente Próximo como una de las artes prácticas, para predecir las posiciones futuras del sol, la luna y los planetas. Los primeros astrónomos desarrollaron métodos de cálculo y plantearon la hipótesis de que estos cuerpos celestiales se desplazaban en círculos. En realidad no les importaba si lo hacían o no, sino formular predicciones precisas. Pero entonces el tirano Aristóteles aseguró que, efectivamente, las estrellas y los planetas se desplazaban en círculos porque los transportaban las esferas sólidas. Finalmente, los teólogos transformaron estas esferas en artículos de fe, cuando las convirtieron en la forma natural y perfecta del cielo del Señor, contrastando su perfección circular con los movimientos irregulares del mundo corrupto terrestre. Según la sentencia de Gilbert, «los matemáticos engañan a unos filósofos crédulos y éstos ofuscan los sentidos de los teólogos».

Esta visión renovadora de la historia científica revelaba la mente de un verdadero revolucionario, que rechazaba todas las tradiciones occidentales en la filosofía de la naturaleza, la astronomía y la medicina. Gilbert aspiraba a echar por la borda el fundamento principal del conocimiento renacentista y sustituirlo por una fe completamente moderna en el progreso. Los antiguos no eran un modelo a seguir sino que los modernos les habían superado, ya que «desde entonces y hasta la actualidad, la sabiduría de los hombres no ha hecho más que aumentar», o más bien, lo habría hecho de no ser por factores políticos, sociológicos y religiosos que conspiraban para mantener anclada a la filosofía natural en los valores nebulosos de la Grecia antigua.

Había un contemporáneo de Gilbert que tenía la misma visión radical respecto al legado del Renacimiento: Francis Bacon. Tras la muerte de Gilbert, Bacon proclamaría su fe en el progreso y rechazaría la tiranía de Aristóteles y de sus apóstoles. Bacon también desarrolló explicaciones sociopolíticas. Sería injusto recalcar que Bacon fue uno de los pocos lectores de las dos obras de Gilbert: *De Magnete* y *De Mundo.*

Capítulo 9

GILBERT
EL EXPERIMENTADOR

De Magnete no sólo estaba repleto de experimentos y descubrimientos nuevos, sino que éstos eran un elemento central de la obra. Gilbert no pretendía hallar antecedentes clásicos de su filosofía del magnetismo, ni hizo intento alguno de reconciliarla con los conceptos y la terminología de las teorías tradicionales. No quería emular a los eruditos del Renacimiento, porque éstos buscaban la verdad en lugares equivocados.

> *No todos citamos como valedores a los antiguos y a los griegos, porque ni la escasa argumentación de los griegos puede demostrar la verdad con mayor sutileza, ni los términos griegos reflejarla ni elucidarla con más efectividad. Nuestra doctrina de la piedra imán contradice a la mayoría de los principios y axiomas de los griegos.*

Por otra parte, Gilbert no describía un método experimental que rivalizara con el de Bacon. Se limitaba a afirmar que al igual que la geometría, sus experimentos ascendían en una serie desde hechos comprobados hasta llegar a «verdades secretas y ocultas de la tierra». Deseaba que estos experimentos se pudieran reproducir, de modo que incluía:

> [...] *asteriscos mayores y menores junto a su descripción, de acuerdo con su importancia y sutileza. Cualquiera que repita los mismos experimentos deberá tratar son sumo cuidado sus sujetos* [...]. *Si un experimento fracasara, que la ignorancia no les lleve a condenar nuestros descubrimientos, ya que estos libros no contienen dato alguno que no se haya investigado, comprobado y repetido una y otra vez bajo nuestra atenta mirada.*

Gilbert instaba a aquellos que no estuvieron convencidos por su nueva filosofía a «disfrutar» de sus experimentos de todos modos: «y si pueden, aprovéchenlos para fines mejores». Abundan tanto los datos sobre imanes y compases, que incluso al aficionado más entusiasta le costaría disfrutar de la obra. Sin embargo, no se puede afirmar que el tema central del libro de Gilbert fuera la piedra imán, como indicaba su título abreviado «*De Magnete*». Tal como aclaraba el título completo, se trataba de «una nueva filosofía natural del gran imán de la Tierra, fundamentada mediante abundantes razonamientos y experimentos»; no aspiraba a explicar la ciencia de los imanes, sino a proponer una filosofía del magnetismo.

La obra *De Magnete* estaba diseñada para refutar a los pensadores aristotélicos y ptolemaicos: la Tierra no estaba hecha del elemento aristotélico «tierra», sino de una especie de imán puro. Gilbert presentaba la piedra imán como la antítesis de la tierra inerte, fría y seca descrita por los aristotélicos. Sus ejes y polos magnéticos demostraban que tenía forma y estructura, mientras que la atracción ejercida hacia otros imanes revelaba que no era un cuerpo pasivo sino activo. El magnetismo era una fuerza inmaterial y las barreras sólidas no suponían un obstáculo para ella. La inmaterialidad, la vitalidad, la estructura y la autopropulsión eran propiedades del alma, no de la materia. En consecuencia, las piedras imán eran reflejos del alma de la Tierra. Por último, los imanes pequeños giraban, lo cual demostraba que el enorme imán terrestre también giraba.

La teoría en los experimentos: la terrella y el versorium de Gilbert

Los experimentos y argumentos presentados en *De Magnete* tenían como fin apoyar los postulados teóricos de Gilbert. Sus teorías no sólo definían todos los experimentos contenidos en *De Magnete*, sino también el diseño de los aparatos empleados para dichos experimentos. Los filósofos de la ciencia han reflexionado sobre el papel que juegan las teorías en la observación, es decir, hasta qué punto las teorías preexistentes de los científicos definen de antemano los resultados de sus experimentos. Gilbert no se esforzó en disimular esta correlación.

La pieza clave de los aparatos experimentales empleados para *De Magnete* era el imán esférico propuesto por Peregrinus; esta insólita piedra imán aparecía en el tercer capítulo del libro. Todos los imanes tienen polos, pero Gilbert aseguraba sin rodeos que «la forma esférica, la más perfecta de todas, es la que más se ajusta a las propiedades de la Tierra».

Gilbert conocía perfectamente las dificultades de utilizar imanes esféricos; eran más difíciles de trabajar y de conseguir que los imanes de barra o los ovales. Éstas eran las formas de imán con las que estaban familiarizados los lectores de Della Porta y *De Magnete* también recurría a ellas. En comparación con los imanes de barra, los polos y ejes magnéticos de la terrella o «pequeña tierra» no eran fáciles de encontrar. Además, los imanes esféricos eran más débiles que los de barra.

Entonces, ¿cuáles eran los mejores imanes para investigar el magnetismo, especialmente el terrestre? Hoy se suelen emplear imanes de barra,

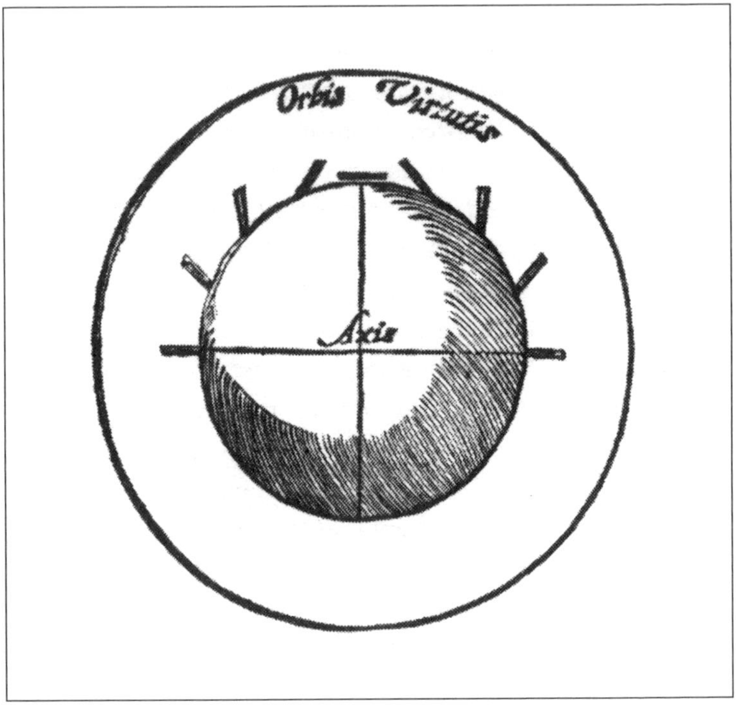

Ilustración 6: La terrella de Gilbert

Ésta es una ilustración típica de De Magnete sobre el uso de una terrella. Gilbert empleaba imanes esféricos porque imitaban a la Tierra. Nótense los alambres o pernos de hierro en la terrella, que ilustran el fenómeno de la inclinación magnética de las agujas de compás, recién descubierto por Robert Norman. El diagrama también refleja el concepto propugnado por Gilbert de la orbis virtutis *(esfera de virtud) magnética, que ocupa el espacio inmediato alrededor de la terrella. Los físicos actuales llamarían a esta esfera el campo magnético y afirmarían que los alambres de hierro indican la dirección de las líneas de fuerza en el campo. Sin embargo, Gilbert no había desarrollado el concepto del campo magnético.*

lo cual refleja la creencia actual de que un imán está formado por dipolos atómicos alineados a lo largo de un eje rectilíneo, en el que las líneas de fuerza son más intensas. Los polos fuertes revelan el movimiento superficial en línea recta de los fragmentos de hierro a los que atraen, mientras que la región central del imán carece de importancia magnética.

Pero en los casos en los que las líneas de fuerza son externas, del polo sur al polo norte, son curvas y de forma esférica. Asimismo, los imanes débiles como la Tierra pueden alinear a otros imanes dentro de su campo sin necesidad de desplazarlos en el espacio. La fuerza ejercida en este caso es de torsión y hace girar el imán hasta que su eje se alinea con las líneas de fuerza, sin que se desplace a lo largo de estas líneas. Los imanes esféricos de Gilbert tenían estas mismas propiedades y cuando las esferas magnéticas que empleaba entraban en un campo magnético, su movimiento era inconfundible: giraban como la Tierra descrita por Copérnico.

«Esta piedra redonda –escribió Gilbert– recibe el nombre de Μικρογη o Terrella»; ambos términos significan «pequeña tierra», en griego y latín respectivamente. Cualquiera que siguiera los experimentos de Gilbert con sus terrellas, con su fuerte carga teórica, estaba a medio camino de aceptar sus conclusiones.

Casi tan importante como la terrella de Gilbert era su versorium, o «detector de rotación». Era un perno de hierro instalado en un pivote, una especie de compás en miniatura. Si Gilbert había adaptado la terrella de la filosofía natural, el versorium salía directamente de la navegación. Ya desde Peregrinus y Della Porta, los filósofos de la naturaleza habían instalado alambres o limaduras de hierro directamente sobre la superficie de sus piedras imán. Los versoria[1] de Gilbert giraban libremente en tres dimensiones.

En términos físicos actuales, el versorium es un instrumento bien diseñado para detectar el campo tridimensional de un imán, así como la fuerza de torsión que ejerce. Las ideas anticuadas de Gilbert sobre el alma magnética y la forma magnética le impidieron desarrollar una teoría del

1. Versoria es el plural de versorium.

campo magnético, pero logró algo parecido. Según Gilbert, todos los imanes estaban rodeados de una «esfera de virtud» invisible e inmaterial. Los movimientos del versorium ofrecían datos visibles que permitían definir los límites y el comportamiento de esta esfera tan esquiva.

Gilbert empleó el versorium para respaldar su teoría de que la materia magnética no se desplazaba en línea recta, como la tierra elemental, sino en los círculos que caracterizaban el movimiento de los cuerpos celestes. Al igual que en los experimentos realizados con la terrella, aquí también tenían mucho peso sus teorías. Cuando acercaba un versorium a una terrella, la montura del pequeño perno resistía el poder de atracción e impedía que saliera despedido hacia el imán, potenciando así su movimiento giratorio. El versorium no era tanto un detector como un generador de movimientos magnéticos circulares.

El versorium de Gilbert no sólo le proporcionaba la rotación magnética que precisaba para su teoría sino que demostraba que, efectivamente, la terrella era un modelo a escala de la Tierra. El más convincente de los experimentos principales de Gilbert consistía en desplazar sus versoria a través del campo magnético de una terrella, registrando con precisión cómo se orientaban. Según Gilbert, este experimento era el equivalente de los datos de declinación e inclinación magnéticas registrados por los navegantes durante sus viajes.

Una gran parte de *De Magnete* estaba dedicada a demostrar la equivalencia exacta entre los datos obtenidos en el laboratorio y las observaciones terrestres. Creía que la Tierra debía de ser una esfera magnética como la terrella, pero también que la terrella era un modelo experimental fiable de la Tierra. Sin salir de su laboratorio ni enfrentarse al peligro de un naufragio, Gilbert podía circunnavegar el globo a voluntad. El versorium se convertía así en sustituto del barco y del compás a la vez, con la ventaja de que podía llegar en un instante a cualquier punto de la Tierra, incluso a las regiones polares. Gilbert acumuló una base de datos sistemática que excedía con mucho las observaciones acumuladas por las fuerzas navales inglesas, holandesas y españolas.

El principio central de la analogía

El invento del versorium y la reinvención de la terrella proporcionaron a Gilbert un cúmulo de datos experimentales, pero éstos sólo resultaban impresionantes si se aceptaba un principio central de su filosofía magnética: el de la analogía. Era necesario aceptar que una piedra imán esférica, torneada o moldeada en el laboratorio, podía considerarse el equivalente de una «pequeña Tierra». Un elemento central del principio general analógico era que las propiedades de la parte (la terrella), especialmente sus movimientos circulares, eran iguales a las propiedades del todo, la Tierra.

Al adoptar este principio, Gilbert pisaba terreno seguro: el territorio de Aristóteles. Gilbert adoptó sin rechistar el principio aristotélico de que «los movimientos naturales de la parte y el todo son iguales». Entre nosotros ya no tiene vigencia este concepto del «movimiento natural», pero para Gilbert era fundamental. Aristóteles había asegurado que el «movimiento natural» de la Tierra era una línea recta hacia su destino en el centro del universo. Gilbert aceptaba que la Tierra tenía un movimiento natural, pero afirmaba que éste era circular y giratorio, al igual que el movimiento natural de los planetas.

La analogía en sí no era tan aristotélica. Los filósofos establecían una distinción fundamental entre «naturaleza» y «arte». La filosofía se dedicaba al estudio de los fenómenos naturales, mediante observaciones empíricas de los procesos de la naturaleza. Por otra parte, el «arte» o la tecnología estudiaban la intervención humana en la naturaleza, mediante la cual se ajustaban los fenómenos naturales a las necesidades humanas. El saber de los «artistas» jamás se podría considerar filosofía de la naturaleza, ya que no generaba conocimiento del estado natural de la realidad. Un ejemplo de este campo en las matemáticas aplicadas era «el arte de la artillería» o la balística. Los ingenieros del siglo XVI desarrollaron un profundo conocimiento de la trayectoria parabólica de los proyectiles, pero su conocimiento no se podía aplicar a la naturaleza, ya que se limitaba a lo que ellos llamaban movimiento violento o antinatural. Asimismo, los químicos tampoco contribuían al saber filosófico, ya que sólo estudiaban sustancias y reacciones violentas que jamás ocurrían en condiciones naturales.

Los experimentos de Gilbert se realizaban con elementos que no se podían encontrar tal cual en la naturaleza. Utilizaba agujas de hierro fundido y batido, instaladas en monturas pivotantes, así como piedras «labradas en un torno... Las piedras trabajadas de este modo son un producto homogéneo de origen terrestre». Pero ¿podían considerarse estos elementos producto de la naturaleza, o eran creaciones artificiales del arte? De la respuesta a esta pregunta dependería la aceptación o no de la validez de los experimentos, tanto los magnéticos como los de otra índole, en el laboratorio (donde la gente se esforzaba en controlar a la naturaleza). Durante siglos la respuesta había sido negativa. Sin embargo los filósofos renacentistas, incluidos algunos pensadores aristotélicos, empezaban a preguntarse si las «experiencias artificiales» como las que realizaba Gilbert tenían validez desde la perspectiva de la filosofía natural. La analogía convincente que establecía *De Magnete* entre la Tierra y la terrella fue un punto de inflexión en la historia de la experimentación. Hoy no nos causa conflicto alguno pensar que los recipientes de elementos químicos puros, el vacío en una bomba de aire o las cepas de moscas drosófilas de pura raza que se estudian en una clase de ciencias no existen en la naturaleza, aunque por este motivo no se habrían utilizado para la filosofía de la naturaleza tradicional.

Gilbert organizó los experimentos y argumentos de *De Magnete* en seis libros: una visión general, seguida de un libro sobre cada uno de los giros magnéticos que había identificado.

Capítulo 10

¿HIERRO VIEJO?

El primer libro en *De Magnete* empezaba con una referencia al inventario realizado por Gilbert de los errores científicos históricos. Ahí atacaba por primera vez a «todos aquellos filósofos, antecesores nuestros, que al disertar sobre la atracción basándose en experimentos poco concluyentes se encuentran a gran distancia de la verdad y continúan vagando a ciegas».

Gilbert expresaba, a regañadientes, su aprobación de algunos de sus antecesores más experimentales: «Petrus Peregrinus escribió una obra bastante erudita, considerando la época». Aparte de sus críticas a la teoría polar de la dirección propuesta por Peregrinus y de sus dudas respecto a la existencia de la piedra imán de giro perpetuo que aseguraba haber fabricado, ésta sería la única vez que Gilbert mencionara al inventor de los imanes esféricos. Gilbert consideraba a Della Porta «digno de alabanza», aunque advertía que gran parte de la información que citaba, ya procediera de otras fuentes o «de sus propios estudios, no está observada ni anotada con gran precisión».

En realidad, Gilbert reprodujo algunos de los experimentos descritos en la obra *Natural Magic* de Della Porta, reflejando así el importante papel que jugó la magia en la historia de la experimentación. Algunos de estos experimentos eran «trillados y familiares»: los imanes tienen polos, los polos opuestos se atraen, un imán dividido se convierte en dos imanes, la piedra imán atrae al hierro con más fuerza que a otro imán. Sin embargo, otros experimentos eran más originales y útiles.

Gilbert no estaba muy impresionado por las explicaciones causales ofrecidas por Della Porta. *Natural Magic* se abstenía de explicar por qué los imanes tenían la propiedad de la dirección, aunque otros autores habían citado las teorías generales sobre la correspondencia, las simpatías, las antipatías y las influencias celestiales formuladas por Della Porta. Sin embargo, Della Porta sí tenía una teoría sobre la atracción magnética, tanto entre imanes como entre hierro e imán. Su teoría recurría a la clasificación tradicional de la materia, según la cual la piedra y el metal eran fundamentalmente diferentes: «Creo que la piedra imán es una mezcla de piedra y hierro, como una especie de piedra ferrosa o un hierro pétreo… A medida que un elemento se esfuerza por dominar al otro, el combate entre ambos genera la atracción».

Los textos aristotélicos sostenían que el mineral metalífero estaba compuesto de hierro, cuya composición básica era «acuosa» (por eso los metales se fundían), combinado con piedra, cuya composición era terrenal e imposible de fundir; el hierro se podía separar de la piedra mediante procesos alquímicos y metalúrgicos. La atracción oculta de la piedra imán por el hierro, al igual que otras simpatías y antipatías ocultas, no revelaba una identidad sustantiva sino una sorprendente relación entre especies diferentes, como la aceituna y la uva ¡o la piedra imán y el ajo!

Juntar el hierro y los imanes

El hecho de que la piedra imán natural no abundaba y que supuestamente era de una especie diferente al hierro contradecía la teoría de Gilbert sobre una Tierra magnética. Si las piedras imán eran rarezas de propiedades ocultas, ¿cómo podía la Tierra entera estar formada de un material parecido? La respuesta de Gilbert fue una nueva teoría sobre los metales y la piedra, según la cual el hierro y la piedra imán eran básicamente la misma sustancia. Aseguraba que si bien la piedra imán era una rareza, su hermano gemelo el hierro no lo era.

La teoría sobre la equivalencia entre ambas sustancias se desarrollaba más a fondo en *Physiologia Nova:* tomando como punto de partida la tierra verdadera y su humor asociado, cuando el humor penetraba en la materia sólida de la Tierra formaba hierro y piedra imán, que en realidad era «una especie noble del mineral de hierro». Si el humor penetraba en la tierra sólida, más degenerada, que se encontraba en la superficie terrestre, se formaban otras rocas y metales no magnéticos. Muchos de los experimentos y descubrimientos de Gilbert pretendían demostrar que el hierro era prácticamente idéntico a la piedra imán.

La geología empezaba a aceptar la idea de que el hierro era mucho más abundante de lo que se había creído. La demanda de hierro en Europa aumentó a un ritmo acelerado a lo largo del siglo XVI y el paisaje de la Inglaterra isabelina había cambiado para satisfacer esta demanda. Una tecnología minera más sofisticada había permitido excavar pozos profundos, que explotaban ricas vetas de mineral de hierro, a medida que la superficie arbolada disminuía para alimentar de carbón vegetal a los altos hornos. El hierro bajaba de precio, aunque aún no era lo bastante económico como para que se convirtiera en práctica habitual desechar el hierro viejo para los chatarreros. Gilbert señaló que los mineros del hierro también solían encontrar grandes depósitos de magnetita o piedra imán, ¡pero ni rastro de la tierra pura aristotélica!

Gilbert comparó las exploraciones subterráneas de los mineros con los viajes emprendidos por los navegantes en la superficie. En su opinión, ambos confirmaban que las mejoras en el conocimiento de la Tierra no procedían de las abundantes obras de filosofía natural, sino del progreso logrado por individuos prácticos.

Por otra parte, aceptaba que los resultados del progreso tecnológico podían ser ambivalentes. Citaba una lista de cincuenta y ocho usos del hierro, de las espadas a los arados, en la que incluía:

> *Ese azote de la humanidad que son las bombas, los mosquetes, los proyectiles y un sinfín de artefactos que desconocían los antiguos romanos. He citado esta lista tan extensa para que el lector conozca la variedad de usos que se le dan a este metal; se trabaja a diario y hay una forja en cada pueblo. El hierro es el más importante de los metales y satisface muchas necesidades humanas, entre ellas las más apremiantes. También abunda mucho más que otros metales en la Tierra, donde es el material predominante. Por consiguiente, es un despropósito de los alquimistas pensar que el objetivo de la naturaleza sea transformar todos los metales en oro.*

Hasta entonces el hierro se consideraba un metal de baja ley. En términos aristotélicos, se encontraba en el primer peldaño de la transformación del metal, de potencialidad a actualidad. Los metales «nobles» eran los que habían alcanzado el mayor grado de actualización; por eso era posible encontrar oro y plata en estado puro, pero sólo en pequeñas cantidades.

Gilbert se proponía reemplazar esta filosofía cargada de valores por otra que concediera una mayor nobleza al hierro. Algunos humanistas del Renacimiento ya habían propuesto algo parecido. En su *Utopía,* Tomás Moro consideraba más valioso el hierro que el oro, precisamente por su mayor utilidad, mientras que un tratado anónimo inglés de 1581 sobre la acuñación de monedas defendió una postura parecida.

Esta nueva etapa en la historia social del hierro fue un factor más de los muchos que ayudaron a nacer a nuestra Tierra magnética.

La Tierra magnética: ¿Sueño teórico o realidad empírica?

Gilbert presentó su concepto central al final del primer libro. Ya había descrito la terrella, el versorium y el argumento por analogía. Ahora echaba toda la carne en el asador: «Debemos formular una visión nueva e inédita de la Tierra, para someterla al juicio de los expertos». A continuación afirmaba que la Tierra estaba compuesta de magnetita pura o piedra imán. Según Gilbert, la Tierra no era «el elemento sencillo propuesto por Aristóteles ni la quimera propuesta por los peripatéticos: una materia amorfa, inerte, fría, seca y sencilla, el sustrato inactivo de todas las cosas; esta especie de sustancia no aparece ni en sueños».

Por otra parte, tampoco aparecía la «súper magnetita» propuesta por Gilbert. Éste explicó que el material no aparecía porque la superficie de la Tierra se había degenerado: en la superficie, la tierra pura original llevaba mucho tiempo expuesta a la luz y el calor del sol. Se había desecado y había padecido profundas alteraciones; por eso la mayoría de las rocas no eran magnéticas, ni siquiera ferrosas.

La Tierra magnética de Gilbert era una realidad teórica, jamás observada pero deducida de los fenómenos. Esa clase de razonamiento científico no tiene nada de malo; la ciencia moderna está repleta de entes teóricos, como el monopolo magnético o incluso el electrón. Pero cuando Gilbert empleaba este recurso socavaba algunas de las críticas vertidas contra la teoría aristotélica de la materia. Los aristotélicos afirmaban que los cuatro elementos siempre se encontraban en mezclas, pero Gilbert no mencionó ese detalle. Su hipótesis tenía cierto parecido con nuestra creencia de que la Tierra tiene un gran núcleo, rodeado de una corteza fina. Reconocía que la superficie terrestre estaba formada por materiales heterogéneos y no muy magnéticos.

Pero la mayor parte de la masa terrestre, por debajo de la superficie y en todo su interior, no está formada por estos materiales, que ni siquiera existirían de no ser porque están expuestos a la atmósfera, las aguas, las radiaciones y la influencia de los cuerpos celestiales.

Había lanzado ya su teoría del enorme imán, pero ahora había que demostrarla. Los siguientes cinco libros de *De Magnete* presentaban cinco distintas formas de analogía entre la terrella y la Tierra, con un paréntesis sobre la electricidad. Cada libro trataba de uno de los movimientos magnéticos circulares. Este énfasis en los movimientos giratorios preparaba el terreno para la culminación de la obra en el libro seis, que trataba de las revoluciones magnéticas; en esta sección aseguraba que la rotación diaria de la Tierra se debía a su potencia magnética. Pero antes había que hablar del coito, el término sensual empleado por Gilbert para referirse a la atracción; después de la dirección, o la propiedad de verticidad que alineaba a los imanes de norte a sur; a continuación hablaría de la variación o declinación magnética con respecto al norte verdadero; y en el quinto libro estudiaría el reciente descubrimiento de la inclinación magnética.

Capítulo 11

LA HERMOSA UNIÓN DE CUERPOS Y ALMAS MAGNÉTICAS

El segundo libro presentaba el concepto del coito. En su sentido más estricto el coito es la unión de dos cuerpos, como en el caso de la cópula de dos amantes. El término tiene cierta resonancia con los principios de concordia y conflicto que estudiaban los filósofos de lo oculto, aunque estaba más cerca de la concordia que del conflicto. No es que Gilbert pensara que dos imanes copulaban, sino que estaba convencido de que su movimiento estaba gobernado por un principio de armonía mutua.

¡El coito no es lo mismo que la atracción!

El magnetismo generaba el movimiento de la Tierra en armonía con los demás planetas, a la vez que ordenaba la unión pacífica entre los imanes y entre éstos y la Tierra. Según la explicación escolástica de los imanes ofrecida por santo Tomás de Aquino, la *attractio* del magnetismo constaba de un agente dominante que se apoderaba y alteraba un imán «paciente», al que atraía. Según la explicación mágica ofrecida por Della Porta, el origen de la atracción era el conflicto y la discordia en la piedra imán. La atracción era un concepto que Gilbert quería eliminar.

«Lo llamamos coito y no atracción, porque el término atracción se ha deslizado erróneamente entre los conceptos de la filosofía magnética por culpa de la ignorancia de los antiguos; al parecer, allá donde existe la atracción se introduce la fuerza y se impone una violencia tiránica». Gilbert quería reemplazar la palabra atracción, de origen griego, con su término preferido, pero la historia ha demostrado que los hábitos lingüísticos fueron demasiado poderosos, incluso para Gilbert. «Si en algún momento hemos hablado de atracción (efectivamente, lo había hecho), en realidad queríamos decir coito magnético.»

Naturalmente, la violencia implícita en el término «repulsión» molestaba tanto a Gilbert como la palabra «atracción». De hecho, Gilbert aseguraba no haber observado repulsión entre dos polos iguales. Una vez más, adaptó los aparatos experimentales de Peregrinus para producir resultados que se ajustaran a sus creencias. No son aparatos que se encuentren habitualmente en los laboratorios actuales de física, pero no es difícil recrear la observación de dos imanes que se juntan en armonía, sin señales evidentes de atracción o repulsión violentas.

Se necesitan dos imanes de un tamaño medio; se pueden emplear imanes de barra, pero las terrellas son mejores (se puede imitar el modelo de la Tierra empleado por Gilbert vaciando el centro de una pelota de espuma e incrustando un imán de barra en este «eje»). Se colocan ambos imanes sobre flotadores en un recipiente de agua. Como flotadores para sus terrellas, Gilbert utilizaba discos circulares de madera con un hueco hemisférico en el centro, pero hoy es más fácil utilizar poliestireno. Los imanes se pueden alinear de cualquier manera, aunque los resultados más espectaculares se obtienen al juntar los polos iguales (los que se «repelen»). Se sujetan a cierta proximidad hasta que el agua del recipiente esté calmada. A continuación sólo hay que soltar los imanes y observar.

Ambos empiezan a girar, a fin de aumentar la distancia entre los polos iguales y reducir la que separa a los polos opuestos (los que se «atraen»). Lentamente, por la resistencia del agua, ambos imanes se desplazan impulsados por la combinación de fuerzas de atracción y repulsión entre sus polos. Si se empieza colocando los polos iguales frente a frente, los imanes se distancian durante unos instantes. Pero ya que su movimiento es giratorio, la combinación de fuerzas cambia enseguida y se acercan de nuevo. El momento angular de cada imán con su flotador es considerable, especialmente al emplear imanes de magnetita y flotadores de madera, como lo hizo Gilbert. Incluso cuando se acercan dos polos iguales, los imanes siguen girando despacio uno alrededor del otro. Después de algún tiempo ambos imanes se detienen, con los polos opuestos arrimados. En palabras de Gilbert:

> *Si dos piedras imán se colocan frente a frente en el agua, sobre sus flotadores, no se aproximan directamente sino que antes giran ambas, o la más pequeña obedece a la mayor y empieza una especie de baile circular; por fin, cuando llegan a su posición natural se juntan.*

Esto era lo que Gilbert llamaba el coito: la acción mutua de dos imanes que buscaban la unión siguiendo las leyes de la filosofía magnética. Gilbert reconocía que el hierro no imantado actuaba de otra forma; «sale despedido hacia la piedra imán». Al no tratarse de un imán polar, «no necesita estos juegos preliminares» (otra analogía sensual). El coito magnético de la tierra verdadera estaba a años luz del paradigma aristotélico del movimiento rectilíneo. Gilbert estaba convencido de que el magnetismo no sólo era una fuerza extraordinaria, sino única. Era única porque era inmaterial o incorpórea.

¡La electricidad no es lo mismo que el magnetismo!

A fin de establecer el carácter único del magnetismo, Gilbert empezó el segundo libro con su célebre investigación experimental de la electricidad estática así como su explicación, no tan célebre, de que ésta se debía a efluvios. Su pequeño estudio sobre «el efecto del ámbar» ocupa menos del siete por ciento de *De Magnete*, pero ha hecho maravillas por su reputación histórica. Aún se menciona de vez en cuando el título heroico de «padre de la electricidad», concedido a Gilbert durante el siglo XIX cuando empezaron a abundar las máquinas eléctricas.

Gilbert sólo trató el tema de la electricidad en *De Magnete* para demostrar que no se parecía en nada a la noble cualidad del magnetismo. Necesitaba rescatar a la piedra imán del «asilo de la ignorancia» de las propiedades ocultas, en el que residía junto con el ámbar. Como era de esperar, esto ofendía a Gilbert: «En muchos casos en los que la gente presenta fenómenos cuyos méritos no puede explicar, recurren en su defensa a los ejemplos de la piedra imán y del ámbar». Galeno era uno de los responsables de esta marginación de los imanes.

La estrategia de Gilbert consistía en demostrar que tanto la «atracción» eléctrica como la magnética eran demasiado comunes como para considerarse rarezas o misteriosas cualidades ocultas. Pero si el magnetismo era una propiedad básica de una sustancia terrenal, había muchas sustancias con propiedades eléctricas, lo que nosotros llamaríamos materiales aislantes. Mientras el magnetismo era una manifestación inmaterial del alma de la Tierra, la electricidad tenía causas materiales demostrables. Asimismo, el magnetismo ejercía una acción duradera y actuaba a la distancia, mientras que los efectos de la electricidad eran efímeros y se veían coartados por muchos factores y condiciones.

En tiempos de Gilbert, se había demostrado que el azabache tenía las mismas propiedades que el ámbar (o elektron en griego). Gilbert añadió muchos elementos más a esta lista de materiales eléctricos, entre ellos las gemas, el vidrio, muchas clases de resina y el sulfuro. Demostró que a diferencia de los imanes, estos materiales atraían muchas sustancias; no sólo la broza tradicional sino también el agua, una gran variedad de partículas e incluso metales. Esto permitió a Gilbert reciclar sus versorium de hierro y convertirlos en una especie de electroscopio. El fenómeno estaba tan generalizado que acuñó el término electricitas, que aún se emplea hoy. Aunque sería una exageración decir que Gilbert fue el padre de los estudios modernos de la electricidad, sí es cierto que él los bautizó.

Como sabrá cualquiera que haya tratado de adherir un globo a una pared, los materiales eléctricos necesitan fricción antes de ejercer su atracción. Una explicación común durante el Renacimiento era que la atracción del ámbar dependía de la cualidad del calor. Naturalmente, esta explicación aristotélica y cualitativa horrorizaba a Gilbert, de modo que la descalificó mediante experimentos que demostraban que incluso un poquito de calor destruía el efecto, mientras que su fenómeno del coito magnético sólo se veía afectado por temperaturas muy altas.

Por último, Gilbert demostró lo vulnerables que eran los materiales eléctricos al medio en el que actuaba la electricidad. Un clima húmedo, una racha de aire cálido, o una fina gasa interpuesta entre un material eléctrico y el versorium o el montón de broza a atraer eliminaban por completo el efecto de atracción. Esta tremenda vulnerabilidad contrastaba con la piedra imán, cuyo poder de atracción permanecía inalterable y traspasaba cualquier obstáculo excepto un objeto de hierro, aunque fuera roca maciza.

Según Gilbert, estos resultados sugerían que la electricidad tenía una causa material vulgar. Los materiales eléctricos eran cuerpos capaces de emitir un efluvio fino, invisible, pero digno de estudio. En las distancias cortas, este efluvio era capaz de sujetar y desplazar un objeto muy ligero o un perno montado en un pivote, hasta que éste se «unía» con el material electrificado. Sin embargo, el flujo eléctrico era muy débil y se difuminaba o se desviaba por culpa de una gran cantidad de medios. Como hemos visto, Gilbert creía que la causa de la electricidad era uno de los humores acuosos que emitían algunas sustancias en forma de efluvio. Por eso concluyó su breve paréntesis sobre la electricidad con algunos experimentos sobre la tensión superficial del agua. También aseguró que los efluvios eran responsables de la gravedad: «Mediante el aire, la tierra atrae los cuerpos hacía sí; de no ser así, los cuerpos no buscarían la tierra con tanto ímpetu desde las alturas».

Este breve mención debió de confundir a sus lectores, ya que no desarrolló más lo que prometía ser una teoría de la gravedad (lo haría en *Nova Physiologia*). Sin embargo, afirmaba con claridad una conclusión sobre las diferencias entre la electricidad y el magnetismo: «Los movimientos eléctricos tienen su origen en la materia, mientras que los magnéticos proceden de las formas primarias». Después de despachar la electricidad, Gilbert podía concentrarse de nuevo en el magnetismo.

El alma de la Tierra

¡Materia y forma! Éstos eran conceptos fundamentales de la filosofía aristotélica (y platónica) que más adelante descartarían Newton, Descartes y otros filósofos innovadores del siglo XVII. Las obras de Gilbert estaban repletas de elementos conceptuales heredados del aristotelismo (la esfera de virtud, la tierra elemental, el movimiento natural, los humores, etcétera) que no tardarían en desaparecer después de su fallecimiento.

Conceptos como la materia, la forma, el movimiento y el alma eran elementos del campo metafísico. La metafísica proporcionaba el marco filosófico abstracto en el que se articulaban tanto la filosofía de la naturaleza como todas las encarnaciones de la ciencia, incluida la física actual. Gilbert era revolucionario en muchos sentidos, pero no se rebeló contra un marco metafísico que acabaría transformando Descartes. Gilbert protestó, adaptó e innovó, pero su metafísica era propia del Renacimiento y por consiguiente debía más a Aristóteles de lo que le habría gustado reconocer. Se habría quedado atónito de saber que apenas veintinueve años después de su publicación, un jesuita publicaría una brillante interpretación aristotélica de *De Magnete*.

El aspecto menos moderno de la obra de Gilbert era su concepto del magnetismo como forma. Las propiedades de la magnetita, el hierro y la Tierra misma se debían a su forma magnética. Pero ¿qué clase de forma era? ¿Dónde se debía clasificar en la jerarquía de las formas? ¿Tenía naturaleza material? Claramente no, aunque la electricidad sí la tenía. ¿Encajaba en el lugar que le había asignado Tomás de Aquino, entre las formas materiales y las animadas? ¿O era la forma magnética un alma verdadera? Atribuirle a la Tierra un alma era aún más radical que afirmar que giraba alrededor del Sol.

Ante la pregunta de cuál era la forma magnética de la Tierra, en numerosos pasajes Gilbert respondió con la misma inseguridad, las mismas evasivas y la misma falta de claridad con la que trataba la cuestión de la traslación terrestre alrededor del Sol. En estas ocasiones declaraba que la Tierra era «algo parecido a un ente animado» o tenía «algo similar a un alma». Sin embargo, en algunos pasajes se mostraba mucho más decisivo, motivado quizá por su deseo de devolver a la Tierra la dignidad que le habían negado los aristotélicos. No se sumó a la posición neoplatónica, según la cual la Tierra formaba parte del alma universal; por el contrario, la Tierra de Gilbert debía tener alma propia. En el quinto libro, duodécimo capítulo, de *De Magnete*, Gilbert soltó una arenga contra «Aristóteles y los suyos»:

> *Aristóteles atribuye alma a las esferas y a los orbes celestiales (que sólo conoce a través de la imaginación), porque son capaces de moverse en círculo, porque ejercen acciones y porque se desplazan en carriles fijos y definidos. Pero yo me pregunto ¿por qué tanto él como sus seguidores condenan al exilio al globo terráqueo con sus efluvios? Lo separan de la hermosa armonía del universo, asegurando que es inerte y que carece de alma... Este mundo de Aristóteles parece ser una creación monstruosa en la que todo es perfecto, vigoroso, animado, excepto la Tierra, que es único rincón desafortunado, imperfecto, yermo, inanimado y víctima de la descomposición. Por otra parte, tanto Hermes como Zoroastro u Orfeo afirmaron que existía un alma universal. Por nuestra parte, creemos que el universo entero está animado: todos los globos, las*

estrellas y también esta magnífica tierra nuestra; creemos que están gobernados desde sus inicios por almas, que también les conceden el instinto de la conservación.

No sería una exageración afirmar que el objetivo principal de *De Magnete* era demostrar esta tesis sorprendente. Suplía todas sus carencias en el análisis metafísico de la naturaleza de la forma y del alma, así como su falta de sofisticación metodológica, con oleadas sucesivas de descubrimientos, experimentos ingeniosos y síntesis brillantes de resultados obtenidos en el laboratorio y extraídos de los almanaques de navegación.

Pero los experimentos más impresionantes de Gilbert dependían de la analogía entre la Tierra y la terrella, y la analogía puede ser una herramienta lógica traicionera, especialmente en el caso de una analogía tan radical como la que establecía Gilbert. Galileo no fue el único filósofo del siglo XVII en criticar su falta de rigor. Gilbert había rechazado los «escasos argumentos helénicos» y los había sustituido por demostraciones experimentales. Revelaba una fe elemental en el empirismo al escribir que:

Si entre los cuerpos se observa uno que se mueve, respira, tiene sentidos y se guía por la razón, ¿no será razonable deducir que se trata de un hombre, o de algo más parecido a un hombre que a un palo o una piedra?

La piedra imán actuaba como la Tierra y si bien ninguna de las dos respiraba, Gilbert creía que ambas exhibían muchas de las mismas propiedades que los cuerpos animados.

Gilbert identificó varios indicios de la presencia de una forma animada: la autopropulsión, la acción inmaterial, la organización interna, la rotación (afín al movimiento de los demás planetas) y la generación de armonías cósmicas. Ya hemos visto que durante el Renacimiento, todas estas cualidades se consideraban propiedades del alma. A lo largo del segundo libro de *De Magnete*, Gilbert se dedicaba a reunir y presentar pruebas de que los imanes también tenían estas propiedades animadas.

No tendría sentido criticar a Gilbert por su creencia en el alma magnética de la Tierra ni pensar que habría sido preferible que se limitara a experimentar con el magnetismo. De no haber estado convencido que el geomagnetismo reflejaba la nobleza de la Tierra, a la vez que contradecía a Aristóteles, Gilbert jamás habría investigado ni escrito *De Magnete*. Limitémonos a disfrutar del viaje, mientras Gilbert nos lleva a un coito con la «mente magnética astral» de la Tierra.

Pruebas experimentales del alma magnética

La primera propiedad de las almas, la autopropulsión, era precisamente el movimiento que Gilbert llamaba coito. Fuera cual fuese el principio que impulsaba a los imanes a moverse de forma tan misteriosa y a veces tan bella, no se trataba de una fuerza externa sino de alguna propiedad intrínseca del mismo imán. Sin embargo, este movimiento por sí solo no demostraba la existencia de un alma. A fin de cuentas, el principio de la atracción eléctrica era material. La primera tarea consistiría en confirmar que el coito magnético era inmaterial.

Gilbert no tardó en despachar las teorías anteriores sobre la atracción: la emisión de partículas magnéticas propuesta por los atomistas, otras explicaciones basadas en efluvios, el calor de Cardano, la simpatía celestial, la forma sustancial propuesta por santo Tomás: «En lo que respecta a las causas de los desplazamientos magnéticos propuestas por todas las escuelas filosóficas basadas en los cuatro elementos y en las cualidades primarias, se las dejaremos a las cucarachas y a las polillas».

Filósofos anteriores habían reunido pruebas que parecían indicar una causa inmaterial del magnetismo. Della Porta había demostrado en su obra Natural Magic que el magnetismo «no se ve impedido por obstáculo alguno» de madera, piedra o metal, con la excepción del hierro; la magnetita lograba imantar el hierro a través de todos estos materiales. Gilbert repitió las pruebas realizadas por Della Porta y añadió a esa lista el medio del aire, lo cual le permitía destacar las diferencias entre la atracción magnética y la eléctrica. Era posible calentar el aire entre dos imanes, incluso interponer una llama entre ellos, sin que esto afectara al coito magnético. Por otra parte, no era necesario que las piedras imán emitieran algún efluvio antes de ejercer su atracción; la balanza más precisa no detectaba cambio alguno de peso en el hierro después de imantarlo. La magnetita no experimentaba ninguna pérdida detectable de masa y tampoco registraban cambio alguno los materiales que se interpusieran entre el imán y el hierro.

Sin embargo, demostró que al calentar los imanes hasta temperaturas extremas los imanes perdían su magnetismo (actualmente conocemos este punto con el nombre de temperatura de Curie); en el caso del hierro la pérdida de magnetismo era temporal, pero la magnetita se desimantaba de forma permanente.

> *El fuego destruye las cualidades magnéticas de la piedra imán, no porque le extraiga alguna partícula de atracción, sino porque las llamas la penetran y la deforman, destruyendo su materia; asimismo, cuando se quema un cuerpo humano no se destruyen las cualidades del alma y sin embargo, el cuerpo quemado pierde el uso de estas facultades.*

Otra prueba de la inmaterialidad del magnetismo era su probada capacidad de actuar más allá de su cuerpo físico. Actualmente lo llamamos el campo magnético, pero Gilbert lo llamaba «esfera de virtud». Gilbert utilizó sus versoria para experimentar con esta esfera de virtud y comprobó que su forma dependía de la del imán, aunque concentró sus atenciones en los imanes esféricos. Observó que la «esfera de influencia» se extendía más allá que la «esfera de movimiento», ya que los versoria aún se alineaban con los polos a una distancia a la que ni siquiera el fragmento más pequeño de hierro era atraído. Estudió la fuerza variable de la esfera, según la fuerza del imán y la distancia a la que se encontraba. Gilbert no logró descifrar la compleja relación entre fuerza y distancia en los imanes, pero tampoco lo hicieron muchos investigadores posteriores.

Él llegó a la conclusión de que eran directamente proporcionales, así como la fuerza de dos piedras imán del mismo material era directamente proporcional a su masa.

Después de la inmaterialidad, la tercera propiedad del alma era su capacidad de crear estructura y organización en la materia que habitaba. Todas las sustancias inanimadas excepto la magnetita parecían tener propiedades homogéneas: el oro brillaba por igual en todas sus partes, el vidrio transmitía la luz en todas direcciones y cualquier fragmento de una pieza de ámbar era capaz de atraer broza. Sin embargo, los imanes tenían polos que atraían con más fuerza al hierro y cerca de los cuales giraban más rápido los versoria. Se podría decir que la magnetita mostraba ciertas afinidades con las plantas: los injertos de planta debían introducirse en la dirección correcta, a fin de respetar las estructuras internas tanto del injerto como del huésped. Ésa era una señal evidente del alma organizadora de las plantas. La polaridad de los imanes era similar: para formar una cadena de imanes de barra o para reparar una piedra imán rota, los polos debían estar alineados correctamente.

Todos los imanes tenían estructuras afines: todos tenían polos, ejes, centro y ecuador. Lo mismo se podía decir de la Tierra, aunque en este caso la visión tradicional era que estas características no eran más que elementos ficticios proyectados sobre la Tierra por los matemáticos, ya que sólo los cielos giraban y por consiguiente, sólo éstos tenían eje y polos reales, físicos. Gilbert el copernicano deseaba que fueran propiedades terrestres reales. Como filósofo de la naturaleza, a Gilbert le atraía la idea de demostrar que los polos y el eje tenían un origen físico: la forma magnética animada de la Tierra.

Gilbert quería demostrar que las propiedades polares no residían en las partes físicas de un imán, sino que dependían de la totalidad de su masa y de la forma en que se organizaba ese todo.

Los análisis de polos magnéticos realizados por Gilbert pueden parecer extraños para un lector actual, para quien éstos son simplemente los dos extremos de un dipolo. Gilbert creía que el poder magnético de «todas las partes (de un imán) están unidas en un todo, que dirige sus fuerzas hacia los polos», todo ello obedeciendo a la batuta organizadora de la forma magnética. Éste era el motivo por el que las terrellas atraían con poca fuerza en el ecuador, no porque esa parte de la esfera careciera de la virtud magnética («la potencia es la misma, de algún modo, en todas las partes»), ni porque la atracción ejercida por el polo norte y la del polo sur se anularan en esa zona, como afirmaríamos nosotros.

Otros elementos de la capacidad organizadora de la forma magnética eran aún más extraordinarios: al juntar varios imanes de barra, el coito magnético les hacía formar un solo imán, más largo y más fuerte. Esta forma incluso era capaz de convertir el polvo de hierro en un cuerpo coherente. Y cuando se desprendía un fragmento de la terrella, éste mostraba de inmediato todos los mismos atributos magnéticos de un imán entero, incluidos dos polos fuertes y claramente definidos, aunque el fragmento procediera de la parte ecuatorial más débil; su forma tenía la capacidad de reorganizar de inmediato la virtud magnética del fragmento.

En un bloque de experimentos posteriores inspirados por el trabajo de Della Porta, Gilbert seccionó una serie de terrellas. En un caso recortó toda la parte de la esfera que quedaba por encima del «círculo polar ártico». La esfera truncada aún conservaba un polo norte, aunque ahora se encontraba en la superficie superior plana. El ecuador se había desplazado un poco más al sur, en proporción directa con la masa del fragmento eliminado. Asimismo, la eliminación de una parte del hemisferio oriental generaba un desplazamiento proporcional de los polos y del eje hacia el oeste. La mitad de una terrella seccionada de polo a polo por el eje adquiría de inmediato un eje y unos polos nuevos. No importaba lo que hiciera, la forma magnética lograba conservar la estructura del todo.

El segundo libro contenía la mayor parte de los descubrimientos experimentales de Gilbert. Experimentó con coitos magnéticos entre una gran variedad de imanes y fragmentos de hierro de muchas formas diferentes. Acercó agujas de hierro juntas o separadas a polos sur y a polos norte, generando una sucesión de coitos magnéticos que se convirtieron en una especie de kamasutra de la filosofía del magnetismo. Demostró que cuando entraban en coito con la magnetita, fragmentos de hierro sin imantar se transformaban en imanes y ampliaban de inmediato la esfera de influencia que los rodeaba. Al igual que los fabricantes de compases, «armó» los polos de sus piedras imán con fundas de hierro, como una especie de viagra metálica que aumentaba su potencia y hacía que las agujas se irguieran con mayor firmeza al entrar en contacto con ellas. Los experimentos confirmaron que la atracción magnética era lo que Gilbert había llamado coito: la autopropulsión mutua de dos cuerpos dirigidos por el mismo principio extraordinario, inmaterial, organizador y animado.

Capítulo 12

LAS ROTACIONES MAGNÉTICAS Y LA NAVEGACIÓN: DIRECCIÓN, DECLINACIÓN E INCLINACIÓN

El movimiento al que Gilbert llamó el coito era la propiedad magnética más sorprendente y fue la que más atención había generado entre los filósofos de la naturaleza, desde Tomás de Aquino hasta Della Porta. Sin embargo, también era la propiedad menos relevante si Gilbert quería demostrar que la Tierra era magnética. Era posible observar el coito entre dos piedras imán, o entre un imán y una barra de hierro, pero no entre un imán y la Tierra. ¡Las agujas de compás y las limaduras de hierro no brincaban desde la mesa del laboratorio para volar hacia Groenlandia o la Antártida! Hoy afirmaríamos que el campo magnético de la Tierra es demasiado débil para desplazarlas. Al suspender un dipolo magnético de masa reducida, como por ejemplo la aguja de una brújula o un compás, el par magnético de torsión llega a alinear el dipolo con las líneas de fuerza de la Tierra, pero éstas no ejercen una atracción lo bastante fuerte como para desplazar la aguja hacia el polo. Sin embargo, por débil que fuera, esta fuerza de torsión era la que más interesaba a Gilbert, que dedicó los siguientes tres libros de *De Magnete* a estudiarla y definirla.

En realidad, la alineación de un imán con las líneas de fuerza de otro imán es un movimiento relativamente sencillo, en una sola dirección. Pero en el caso del campo magnético terrestre, solemos dividir el movimiento en dos componentes: el horizontal (dirección) y el vertical (inclinación). Este segundo componente tiene su origen en la situación del dipolo terrestre en el interior de la Tierra. Gracias al hallazgo de la inclinación magnética, un fenómeno descubierto por Robert Norman, Gilbert pudo desarrollar un modelo bastante parecido al nuestro.

Gilbert explicaba el fenómeno con una demostración extraída directamente de la obra *Newe Attractive,* escrita por Norman en 1581. Al suspender un alambre bajo el agua con flotabilidad neutra, Norman había comprobado que la alineación del alambre mostraba simultáneamente dirección e inclinación, pero que no había movimiento de atracción hacia la tierra. Gilbert destacaba en su explicación de la «demostración de la absoluta conformidad de un cuerpo magnético con el cuerpo terrestre» que este experimento revelaba que los imanes ejercían influencia magnética en su totalidad y no solamente en los polos. A diferencia de los físicos actuales, Gilbert situaba los polos de la Tierra en la superficie, allá donde se encontraban en sus terrellas. El experimento confirmaba su creencia de que los imanes respondían a toda la Tierra y no sólo al polo norte o sur, al centro o a otra región concreta. Este principio se ajustaba a su concepto de la acción holística de las formas animadas, pero también complicaba el análisis del movimiento magnético.

Sin embargo, analizó dos componentes de este movimiento: en el tercer libro estudiaba el componente horizontal o la dirección. Al hablar de dirección, se refería a la propiedad de los imanes pequeños de girar hasta que su eje se alineara con los polos de un imán mayor. La inclinación vertical descrita por Norman, que también era un movimiento giratorio, aparecía en el quinto libro. (Gilbert afirmó que la declinación, descrita en el cuarto libro, no era uno de los movimientos magnéticos.)

Estos desplazamientos giratorios establecían la cuarta propiedad del alma: el movimiento circular.

Dirección y verticidad

La navegación magnética había convertido la propiedad direccional de los imanes en un fenómeno más urgente, incluso más desconcertante, que el de la atracción. Gilbert no dedicó mucho tiempo a las teorías propuestas por el rebaño, sobre influencias celestiales y montañas magnéticas. Se propuso demostrar su teoría de que el poder de la dirección procedía de la Tierra entera. A este fin decidió emplear un nuevo término teórico: la «verticidad» sustituiría a la dirección, así como el coito había reemplazado a la atracción. Gilbert seguía hablando de polos magnéticos en vez de vértices, pero la verticidad (al igual que la polaridad) tenía resonancias de su teoría, con referencias al movimiento giratorio alrededor de un polo.

Gilbert definía la verticidad como «la potencia distribuida por la energía innata (de un imán) desde el ecuador y en ambas direcciones, hacia los polos». Esta definición desechaba de inmediato cualquier explicación eurocéntrica, basada en la influencia de una fuente única, extraordinaria, siempre septentrional y a menudo de origen extraterrestre. El punto respectivo de Norman tampoco servía, por los mismos motivos. Por otra parte, la verticidad era una propiedad de cualquier imán de laboratorio y no era necesario viajar a Siberia, al interior de la Tierra o a la Osa Menor para investigar sus orígenes. Gilbert describió experimentos con imanes de muchas clases, pero el protagonista subyacente de todos estos experimentos, a veces de forma implícita, era el mayor de todos los imanes y el origen de toda verticidad: la Tierra.

Para demostrar la naturaleza terrenal de la verticidad, en el tercer libro Gilbert envió a su nave *Versorium* a la primera de muchas circunnavegaciones de la terrella. Hacía poco que los navegantes del mar real (Gilbert citó a Drake y a Cavendish) habían comprobado que incluso en las aguas exploradas del hemisferio sur, «la aguja del compás

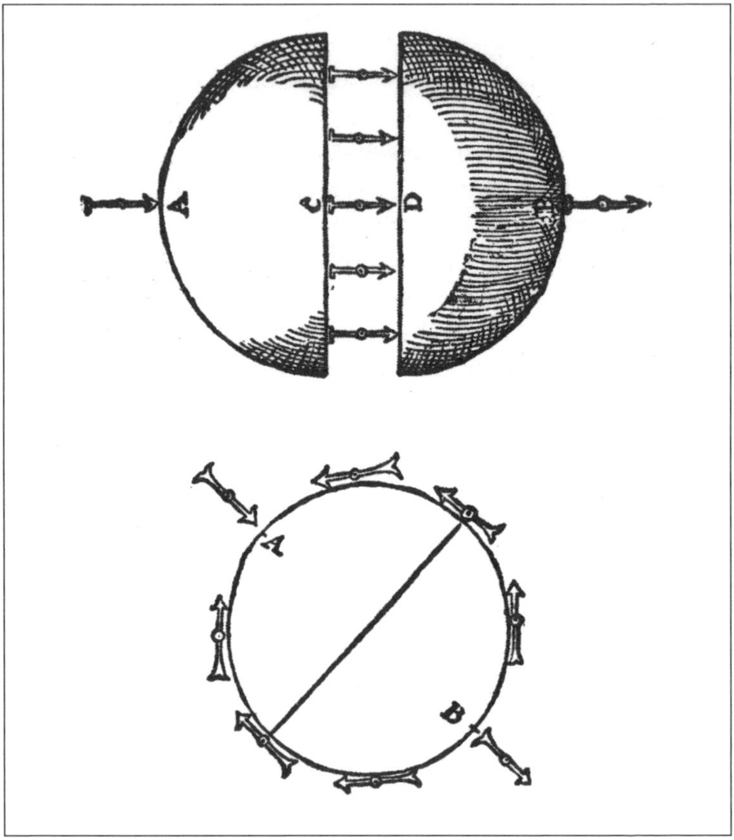

Ilustración 7: **Versoria indicando la dirección magnética en una terrella**

El versorium de Gilbert era una aguja de brújula o compás, adaptada para que pudiera girar de forma vertical u horizontal. En el diagrama superior, los versoria están constreñidos para que sólo indiquen la dirección hacia los polos. Nótese que la punta de la aguja siempre señala el polo norte A, excepto cuando se encuentra directamente encima del polo sur B. La terrella partida demostró a Gilbert que la dirección, o verticidad, también existía en el interior de la piedra imán.

náutico sigue señalando al norte... Nuestra terrella revela lo mismo». Efectivamente, la terrella revelaba que esta realidad era universal, o casi; en el polo sur la inclinación era de noventa grados. Atraía de forma tan directa al extremo de la aguja que apuntaba al sur que el otro extremo, el que habitualmente señalaba el norte, quedaba completamente erguido y dejaba de apuntar al norte. Cualquier navegante o explorador que llegara a las profundidades de la Antártida no sólo tendría que lidiar con la congelación y las dificultades para orientarse, sino que también tendría problemas con la brújula.

La terrella permitía a Gilbert estudiar la verticidad en el interior de sus imanes, algo completamente imposible en el caso de la Tierra. Partió sus terrellas por varios paralelos de latitud, incluido el ecuador, y colocó los versoria en medio de los cortes. La dirección seguía siendo la misma: del polo norte al polo sur. La combinación y adaptación de ambos diagramas da un resultado semejante a los mapas del campo magnético de la Tierra, basados en el modelo del dipolo sencillo.

A partir de esta sección de *De Magnete*, Gilbert pasó de una investigación general de los imanes a una visión más centrada en la Tierra.

Gilbert también adaptó su analogía Tierra-terrella. Durante el primer viaje de la nao *Versorium*, Gilbert había recurrido a un dato conocido sobre la Tierra (el hecho de que las brújulas y los compases señalaban el norte) para confirmar la credibilidad de la terrella como modelo de laboratorio análogo a la Tierra. Ahora capitalizaba la credibilidad de esta analogía, argumentando que la verticidad de los imanes de laboratorio revelaba la verticidad de la Tierra.

Algunas de sus investigaciones más importantes trataban de cómo el hierro sin imantar (es decir, el manufacturado) adquiría verticidad de una piedra imán. Gilbert contaba con una prueba sencilla para comprobar la presencia de la verticidad en el hierro: ¿giraba hasta alinearse cuando se mantenía suspendido cerca de un imán más fuerte? Esto le permitía explorar las características del magnetismo débil, el único generado por la Tierra.

Demostró que el hierro adquiría verticidad de las piedras imán. En el hierro, la verticidad se podía cambiar con facilidad: bastaba con acercar el extremo de un alambre de hierro al polo sur de una piedra imán. No hacía falta que lo tocara siquiera, al alejarlo señalaría hacia el sur. Si se frotaba el otro extremo, la dirección se invertía y esto se podía repetir cuantas veces se quisiera. «Esto permite cambiar una y otra vez la propiedad del hierro.»

Pero a continuación, Gilbert fue un paso más allá: ¡logró alterar la verticidad del hierro trabajado sin utilizar una piedra imán! ¿Cómo lo hacía?

> *Que un herrero trabaje una masa de unas dos o tres onzas* [de hierro] *en el yunque, dándole forma de barra de un palmo o nueve pulgadas de longitud. El herrero deberá colocarse mirando al norte* [cabe recordar que un caballero no podía ensuciarse las manos con estos menesteres], *para que al martillar extienda el hierro candente hacia el norte.*

Las barras fabricadas siguiendo estas instrucciones adquirían verticidad y era fácil comprobarlo, porque al suspenderlos señalaban el norte. En realidad, ni siquiera era necesaria martillar; bastaba con calentar el hierro hasta que estuviera al rojo blanco, destruyendo así su verticidad anterior. A continuación se colocaba en un meridiano norte-sur y cuando se enfriaba, había adquirido verticidad. Si se calentaba de nuevo y se le daba una vuelta de ciento ochenta grados antes de que se enfriara, ¡se invertía la verticidad! De hecho...

> [...] *Veamos de lo que es capaz la posición por sí sola, sin el fuego ni el calor, sólo orientando el hierro hacia los polos terrestres. Las barras de hierro que llevan mucho tiempo, veinte años o más, fijas en una situación norte sur, como por ejemplo los barrotes de una ventana o de un edificio, con el tiempo adquieren verticidad.*

Comprendemos perfectamente a Gilbert cuando afirma que al descubrir este fenómeno, le había parecido «extraño e increíble». En *De*

Magnete, ésta se convertía en una prueba convincente de que la Tierra mostraba las mismas propiedades que una piedra imán: ambos tenían verticidad, podían transmitirla al hierro y hacer que girara hasta alinearse magnéticamente. Y si la Tierra tenía verticidad, entonces también debía tener forma y polos magnéticos.

Aunque como hemos visto, para Gilbert los polos no eran especialmente magnéticos sino simples productos de la forma magnética. No era...

> [...] *que el polo de la Tierra, ese punto idéntico* [al polo de un imán] *que se encuentra a treinta y nueve grados de latitud, a tantas millas de distancia de esta ciudad de Londres, cambie la verticidad, sino que la masa magnética profunda de la Tierra, toda la que nos separa del polo sobre la cual está situado el hierro, es decir, la energía que reside en el campo de fuerza magnética, la materia de la Tierra entera contribuye a producir la verticidad de los cuerpos.*

Si los polos fueran los responsables de producir la verticidad, cabría esperar que las brújulas y compases señalaran directamente al polo, pero Gilbert estaba convencido de que éste no era el caso. Su concepto de la «materia de la Tierra entera», le permitía desarrollar una nueva teoría de la declinación magnética.

Declinación: del mundo ideal al real

Hoy creemos que la causa principal de la declinación magnética es el ángulo del dipolo de la Tierra. Al referirse Gilbert al «polo de la Tierra», revela que él creía que el polo geográfico y el magnético eran el mismo. Su explicación difería de la nuestra, pero desde una perspectiva actual es posible discernir, entre los datos de variación contradictorios e inexactos de aquella época, indicios del dipolo inclinado. Ya hemos visto que en el siglo XVI, algunos de los sistemas para calcular la longitud mediante el magnetismo eran consecuentes con un modelo de dipolo inclinado. Las hipótesis basadas en una isla magnética también llevaban implícita la noción de que los compases solían señalar algún punto que no era el polo norte geográfico. Dados los datos poco concluyentes con los que contaba, las pruebas reunidas por Gilbert mediante la analogía Tierra-terrella podrían haber sustentado tanto un modelo de dipolo inclinado como uno de dipolo axial.

Hay un motivo evidente por el que Gilbert jamás consideró una teoría de polos magnéticos diferenciados de los geográficos: el eje magnético de la Tierra debía ser igual al geográfico si quería que el magnetismo fuera la explicación de los nobles movimientos copernicanos de la Tierra. Los valores cosmológicos eran un elemento esencial de la filosofía del magnetismo de Gilbert, que no permitiría que el fenómeno molesto de la declinación se convirtiera en su castigo cósmico (aunque la declinación acabaría por contribuir al declive de su filosofía magnética, en la década de 1640). Necesitaba explicar este fenómeno, de modo que en el cuarto libro de *De Magnete* ofreció una teoría ampliada y justificada, que era una explicación genial, ejemplar y profundamente fallida.

> *Hasta aquí hemos tratado el tema de la dirección como si no existiera el fenómeno de la declinación, porque elegimos ignorarla y excluirla de la historia natural precedente, como si en un globo terráqueo perfecto y absolutamente esférico la declinación no pudiera existir.*

Esto era toda una confesión, además de ser una omisión que debió de poner a prueba la paciencia de cualquier navegante que leyera *De Magnete*. Al parecer, esa profusión de argumentos convincentes empleando terrellas, ese cúmulo de leyes y analogías entre la Tierra y su réplica en miniatura, se habían formulado para un mundo idealizado e inexistente. Gilbert había decidido eliminar de un plumazo el aspecto del geomagnetismo que había impulsado a George Best a afirmar que éste se encontraba «fuera del alcance de la filosofía natural». Más valía que tuviera una buena explicación… y por supuesto la tenía. Por fin, en el cuarto y el quinto libro los navegantes descubrirían por qué Edward Wright les había recomendado una obra extravagante de filosofía natural.

La explicación de la declinación desarrollada por Gilbert tenía dos limitaciones estrictas. Una se la había impuesto a sí mismo: el eje magnético de la Tierra también debía ser su eje de giro. Esta condición descartaba la mayoría de las explicaciones existentes. La segunda limitación era el cúmulo de datos sobre la declinación reunidos por navegantes, que descartaban todas las teorías anteriores, o por lo menos así lo interpretaba Gilbert, imbuido del espíritu escéptico de los expertos ingleses. Hizo suya la convicción, expresada por la mayoría de los expertos a los que consultó en Inglaterra, de que la declinación era un fenómeno real, que a menudo se incrementaba en las latitudes elevadas, y que mostraba irregularidades fundamentales.

Esta irregularidad descartaba todas las teorías que afirmaban que la dirección magnética señalaba a un único punto, ya fuera una montaña, una masa de roca, una estrella, o un polo celestial. Si cualquiera de estas opciones hubiera sido la real, entonces...

> [...] *en puntos diferentes de la tierra y el mar, el ángulo geométrico de la declinación cambiaría al este o al oeste y el versorium siempre señalaría al polo magnético, pero la experiencia demuestra que la declinación sufre cambios erráticos de diferentes clases* [...] *en meridianos distintos o incluso en el mismo meridiano.*

El ejemplo principal ofrecido por Gilbert de cambios irregulares de declinación era típicamente inglés: observaciones realizadas por navegantes siguiendo la latitud «desde las islas Scilly hasta Terranova».

De Magnete ofrecía un caudal de datos sobre la declinación y revelaba un mayor conocimiento de este tema que cualquier obra anterior de filosofía de la naturaleza. Incluía capítulos sobre la variación en el océano Atlántico, el Pacífico, el mar Mediterráneo, e incluso en Nueva Zembla, una gran isla en el océano Ártico. Pero *De Magnete* no era una obra sobre el arte de la navegación, sino sobre la filosofía de la Tierra, por lo que también ofrecía datos «del interior de los grandes continentes». Estos capítulos mostraban a cualquier lector erudito todo lo que sabían los navegantes ingleses de la declinación: la irregularidad era constante, muchas observaciones no eran de fiar, los meridianos verdaderos propuestos por expertos ibéricos no existían y por último, «la declinación aumenta en las regiones más próximas al polo... donde los cambios de declinación son más rápidos, como advirtieron hace algunos años observadores holandeses».

Gilbert también empleaba este caudal de datos para refutar los esquemas que aseguraban determinar la longitud mediante el magnetismo. Era consciente de que, si funcionaba, un sistema de estas características tendría «un valor incalculable para los navegantes y además supondría un gran avance para la geografía», pero se trataba de «una vana ilusión y una teoría sin fundamento». Sin embargo, no estaba todo perdido. Gilbert había leído una traducción de la obra escrita por Simon Stevin en 1599, *De Havenvinding*. En el capítulo once, Gilbert avalaba el plan empírico de Stevin, que proponía determinar la posición de un barco comparando observaciones realizadas a bordo con datos irregulares pero tabulados. Ésta era una propuesta «de gran importancia, pero sólo si se dispone de instrumentos lo bastante precisos como para determinar con certeza la declinación en alta mar». El capítulo doce ofrecía instrucciones más precisas que cualquier manual de navegación para fabricar y utilizar un instrumento que determinara este valor. En el mejor de los casos, Gilbert no era muy escrupuloso a la hora de reconocer sus fuentes pero el capítulo doce iba un paso más allá: no lo había escrito él. Sin embargo, sí había logrado desarrollar una teoría brillante de la declinación, combinando el consenso inglés sobre la irregularidad con el plan de Stevin de utilizar datos tabulados, y con su propia teoría sobre la Tierra.

Cabe recordar que según la teoría de Gilbert, la Tierra era una esfera perfecta de material magnético, pero su corteza se había degradado por la influencia del Sol y de las demás virtudes celestiales. Los océanos se habían formado al separarse un humor acuoso de la Tierra verdadera, dejando un residuo de Tierra no magnética. Asimismo, el propio calor de la Tierra, el vulcanismo y demás fenómenos geológicos habían creado las masas continentales y las fosas abisales. Todas estas imperfecciones y desviaciones de la esfera homogénea contribuían a perturbar la verticidad uniforme de la Tierra.

> *La superficie del globo terráqueo es desigual y está resquebrajada, alterada por elementos de naturaleza diversa, además de tener partes elevadas y convexas que ascienden a cimas de varias millas y que no son uniformes ni en su material ni en su constitución... Por este motivo un cuerpo magnético bajo la influencia de la tierra entera se siente más atraído hacia una gran masa de tierra, como cuerpo más fuerte, en la medida en la que lo permite la verticidad alterada.*

No era de extrañar que la declinación fuera irregular. En realidad, los mares y los continentes simplemente eran muestras superficiales de rasgos subterráneos mucho más grandes.

> *La declinación no se da tanto por estas partes elevadas e imperfectas de la tierra o por estas masas continentales, sino por las desigualdades en el globo magnético y en la sustancia de la tierra verdadera, que se proyecta más bajo los continentes que bajo los fondos marinos.*

Era una gran teoría, pero ¿sería Gilbert capaz de demostrarla? Evidentemente, ni sus recursos ni su capacidad le permitían realizar una exploración geológica, pero su terrella le daba la oportunidad de ejercer la «microgeología». Había llegado el momento de que zarpara de nuevo la nave *Versorium*. De nuevo, Gilbert llegó a atribuir a la Tierra fenómenos nuevos, que se habían descubierto en el laboratorio y cuya aplicación en la Tierra jamás se había contemplado.

Esto se demuestra claramente con la terrella de la siguiente manera: se emplea una piedra imán esférica con imperfecciones y partes degradadas (en una ocasión tuve una en la que parte de la superficie se había desmoronado y había creado una depresión comparable al océano Atlántico); se extienden sobre el globo fragmentos de alambre de hierro de una longitud de dos granos de cebada,[1] *como muestra la ilustración. AB es una terrella con algunas imperfecciones, cuya potencia varía en su circunferencia; las agujas E y F no declinan sino que señalan directamente al polo, ya que se encuentran en una parte de la terrella sólida y en buen estado, a cierta distancia de la parte degradada; la parte de la superficie picada y agrietada es más débil. La aguja O tampoco declina, porque se encuentra en el centro de la parte degradada pero señala al polo, al igual que al oeste de las Azores. Las agujas H y L declinan, porque se inclinan hacia las partes más sólidas.*

Otro experimento impresionante empleaba un imán convertido en esfera, pero «con una parte considerable de la superficie un poco más prominente que el resto». En este caso, los versoria se desviaban un poco de los polos y hacia estos sucedáneos de continentes.

Los rasgos geológicos grandes generaban pequeñas variaciones en la terrella. Esto suponía otro golpe contra la teoría de la montaña magnética. Sin embargo, Gilbert aún necesitaba explicar por qué la declinación era mayor cuanto más elevada era la latitud. Su respuesta recurría al equilibrio entre atracción y verticidad en la forma magnética: la atracción o coito magnético era débil en el ecuador y fuerte en los polos. Por el contrario, la verticidad era fuerte en el ecuador y débil en los polos. Por consiguiente, los efectos de las perturbaciones geológicas serían mayores en las regiones polares.

La teoría de la declinación desarrollada por Gilbert indica que estaba evolucionando hacia un método de síntesis y análisis que dependía de un

1. Grano de cebada *(barleycorn):* antigua unidad de medida inglesa, equivalente a 8,5 milímetros. *(N. del T.)*

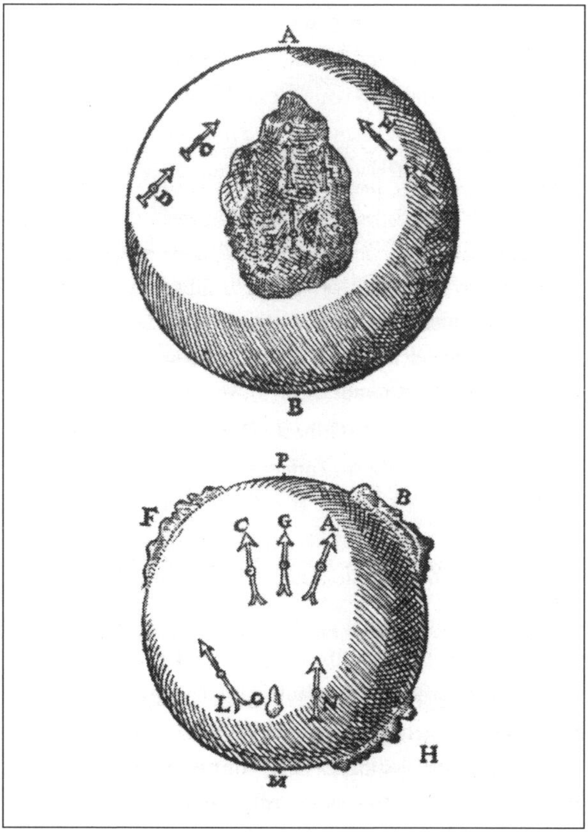

Ilustración 8: **Declinación magnética en terrellas**

Estas ilustraciones reflejan el principio central al que recurría Gilbert: la analogía entre la Tierra y su terrella. El primer imán era defectuoso, con «una depresión comparable al océano Atlántico». El segundo tiene aspecto de haberse trabajado en un torno para generar formas de continentes en la superficie. En ambos casos, Gilbert mostraba que los versoria se desviaban del polo siguiendo los mismos patrones que los compases reales en alta mar.

«mundo real ideal». Galileo y Newton desarrollarían mucho más este concepto para formular sus leyes del movimiento, leyes que no se cumplían de forma estricta en el mundo real y desordenado de la materia resistente. Gilbert era plenamente consciente de que ni la Tierra ni sus terrellas eran imanes perfectamente esféricos, pero éste era el campo en el que podía analizar los componentes de la virtud magnética. El mundo real estaba generado por la síntesis entre los componentes de la verticidad ideal y las perturbaciones. Cabe señalar que en esta disciplina Gilbert no estaba a la altura de Galileo, como daría a entender el mismo Galileo. La explicación ofrecida por Gilbert del mundo real de la declinación era cualitativa y estaba repleta de imprecisiones.

La Némesis de la teoría de Gilbert no era un problema metodológico, sino empírico. Se trataba de un concepto articulado en el tercer capítulo: «La declinación no varía con el tiempo en un lugar determinado». Gilbert no tenía motivo para dudar de algo que tanto Stevin y Wright como todos los expertos que les antecedieron habían aceptado como una verdad indiscutible. Es más, su descubrimiento de unas leyes magnéticas estables, garantizadas por la forma de la Tierra, parecía avalar con certeza esta creencia. La única salvedad admitida por Gilbert era que si el origen de la declinación era geológico, ésta debía ser vulnerable a los desastres geológicos. Sin embargo, Gilbert estaba convencido de que se mantendría «inmutable por siempre jamás, ¡salvo que se fracturaran los continentes y desaparecieran países enteros, como la región de la Atlántida descrita por Platón y otros autores de la antigüedad!».

Gilbert pudo haber recurrido a una versión menos catastrófica de este principio geológico para explicar los pequeños cambios locales de declinación. En el año 1635 se anunció el descubrimiento de los cambios temporales de la declinación en Londres. En 1650 se había confirmado ya que este mismo fenómeno se daba en muchas partes del mundo. Este descubrimiento abrió una vía de agua en la teoría de Gilbert y a medida que naufragaba, se empezaron a contemplar otras teorías basadas en un dipolo inclinado. Sonaban de nuevo los cantos de sirena para los sistemas magnéticos para determinar la longitud. Y cuando se estableció que los polos magnéticos eran diferentes de los geográficos, el copernicanismo magnético propugnado por Gilbert también naufragó.

Sin embargo, la filosofía de la Tierra magnética defendida por Gilbert había revolucionado la navegación magnética. Su versión de la dirección y la declinación se convirtieron en un nuevo consenso, el primero que lograba integrar las explicaciones causales y la experiencia práctica de la navegación. Ofrecían una justificación teórica del único plan razonable para determinar la longitud mediante el magnetismo, el *havenfinding* de Stevin. «Gracias a estas indicaciones magnéticas –aseguraría Wright en su "Nota elogiosa sobre estos libros que tratan del magnetismo"–, parece vislumbrarse una solución al antiguo problema geográfico de cómo descubrir la longitud.» Sus ideas incluso influyeron en los viajes de exploración, gracias al resumen que Gilbert realizó de su teoría de la irregularidad, al que llamó la «regla de la declinación».

Aseguraba que «una gran masa elevada de tierra» atraía las agujas de los compases. Gilbert quería que los exploradores se concentraran en encontrar un paso a las Indias por el nordeste en vez de la ruta más buscada, por el noroeste. «Dado que en Nueva Zembla el compás declina tanto hacia el oeste, es evidente que la masa continental no se extiende muy lejos en la ruta hacia el este.» Naturalmente, la teoría de Gilbert y su aplicación en este caso resultaron ser completamente erróneas. Asimismo, los exploradores de la época jacobea que buscaban el otro paso, por el noroeste, comprobaron con sorpresa que el principio postulado por Gilbert tampoco parecía funcionar en Canadá. Sin embargo, aún era posible encontrar motivos que explicaran estos resultados aparentemente adversos: la geología que realmente importaba para definir la declinación era el relieve subterráneo, no el de la superficie. La teoría de Gilbert era muy convincente, pero resultó no ser irrefutable y el tiempo, en forma de los cambios temporales de la declinación, acabaría con ella.

INCLINACIÓN: ¡LA LATITUD ESTABLECIDA!

Para Gilbert, la declinación no había sido más que un paréntesis en su estudio de los desplazamientos magnéticos giratorios. El quinto libro de *De Magnete*, «sobre la inclinación de la aguja magnética», representaba un punto culminante en los estudios experimentales de la forma magnética. Aunque era el libro más corto de la obra, contenía las pruebas más convincentes de la existencia del alma de la Tierra, así como las aplicaciones más asombrosas de la filosofía magnética a la navegación.

De Magnete aseguraba que la inclinación era una propiedad global, previsible y sumamente útil de la Tierra magnética. Gilbert había concedido el crédito por el hallazgo a «Robert Norman, experto navegante e ingenioso inventor, el primero en descubrir la inclinación de la aguja magnética», aunque el quinto libro de *De Magnete* no distinguía mucho entre el trabajo innovador de Norman y el desarrollo posterior que hizo Gilbert de él.

Ninguna revista científica actual habría aceptado la teoría que formuló Norman en 1581. Si bien era cierto que expertos en brújulas y compases de muchos lugares diferentes sabían que las agujas se «desequilibraban» al imantarse, Norman había deducido su teoría de la causa terrestre general, su «punto respectivo», después de realizar experimentos en un solo lugar: Londres. Incluso cuando se publicó *De Magnete*, diecinueve años más tarde, los 71,5 grados de inclinación propuestos por Norman seguían siendo el único valor de esta variable publicados hasta entonces. Pero el quinto libro empezaba con la descripción de un inclinómetro de gran precisión e instrucciones para utilizarlo.

En su análisis de la declinación, el problema al que se había enfrentado Gilbert era un exceso de datos sobre la Tierra, que se había esforzado en reproducir con las terrellas de su laboratorio. Pero en el caso de la inclinación, ni siquiera Edward Wright era capaz de proporcionarle datos de otros puntos geográficos. Sin embargo, a Gilbert no le hacía falta que los navegantes respondieran al llamado de Norman, pidiendo más observaciones. Él podía proporcionar, desde la comodidad de su laboratorio, todos los datos inclinométricos que hicieran falta. El quinto libro informaba de la circunnavegación simulada con su versorium.

La inclinación era el componente vertical del alma magnética de la Tierra. Gilbert decidió enviar su versorium a trazar la inclinación en lo que equivalía su espacio interplanetario. Se trataba de un viaje imposible en el mundo real, pero confiaba en que sus lectores habrían aceptado ya la analogía entre la Tierra y la terrella. Cualquiera que dominara los conceptos básicos de su filosofía magnética podría decidir si aquello era una simple quimera o fantasía.

En el segundo capítulo, Gilbert describió «la inclinación en una terrella que representa la Tierra, relativa a la representación habitual del globo terráqueo, en una latitud de cincuenta grados norte». Su elección de los cincuenta grados norte era astuta, ya que ésta era aproximadamente la latitud de la ciudad de Londres. El valor obtenido en la terrella coincidía con el dato publicado por Norman.

Sin embargo, los valores obtenidos en otros puntos descartaron enseguida la teoría del punto respectivo formulada por Norman. La inclinación era de cero grados en el ecuador de la terrella. A medida que el versorium viajaba hacia el polo norte, la inclinación aumentaba de forma gradual pero no lineal hasta noventa grados. La relación suponía que las líneas trazadas al proyectar el eje del versorium no convergían en ningún punto, ni en el centro del imán, ni en los polos ni en ningún otro punto «respectivo». Esta ausencia de una explicación sencilla agradaba a Gilbert: ofrecía más pruebas de la complejidad con la que organizaba la materia la forma magnética. Es más, demostraba que esta forma era una causa física razonable de los paralelos de latitud empleados por los geógrafos, así como de los polos y los ejes de la Tierra.

La falta de una correlación matemática sencilla entre la latitud y la inclinación en la terrella no fue óbice para que Gilbert anunciara a bombo y platillo que el magnetismo ofrecía un método alternativo al sistema astronómico para determinar la latitud. La correlación se establecía empíricamente con facilidad en la terrella. Con buenos inclinómetros, los navegantes podrían hacer lo mismo en alta mar. En su comentario al respecto, Wright sólo atemperó un poco el entusiasmo de Gilbert con una dosis de cautela empírica. Creía «muy probable» que un método basado en estas observaciones funcionara en el mundo real. «Una vez se haya anotado con precisión la inclinación y la latitud (observada astronómicamente), siempre se podrá localizar la misma latitud mediante un medidor de la inclinación, incluso en la noche más cerrada o el clima más inhóspito». Gilbert lo explicaba en términos más poéticos. A diferencia de otros filósofos naturales:

> *Percibimos cuánto dista la filosofía magnética de la inutilidad; por el contrario, ¡qué deliciosa, qué beneficiosa, qué divina! Los navegantes zarandeados por las olas y frustrados por los temporales, aunque no puedan determinar con la luz de los cuerpos celestiales en qué lugar del mundo se encuentran, obtendrán consuelo con la mayor facilidad, gracias a un modesto instrumento.*

Gilbert estaba emocionado porque *De Magnete* había descifrado las complejas relaciones matemáticas entre la inclinación y la latitud. *De Magnete* contenía muchos experimentos cuantitativos, pero no abundaban en sus páginas los análisis complejos de fenómenos geométricos, al estilo de Galileo o Newton. Por consiguiente, la impresionante construcción geométrica presentada en el séptimo capítulo es toda una sorpresa.

El capítulo explicaba que la inclinación en cualquier punto N, de latitud x° en la superficie de un imán esférico, se podía determinar mediante una serie de arcos. (¡No es necesario que los lectores que sientan aversión por la geometría presten mucha atención a la explicación!) Los arcos importantes eran BOG y ODL, y el objetivo era localizar el punto D. El radio de BOG era MB, una cantidad determinada por la cuerda AC desde el polo del imán C hasta el punto A en el ecuador. Es decir, se encontraba más allá del cuerpo físico del imán. El radio de ODL era NL, donde L era el polo opuesto a C. Empezaba en L y se extendía hasta que cortaba BOG.

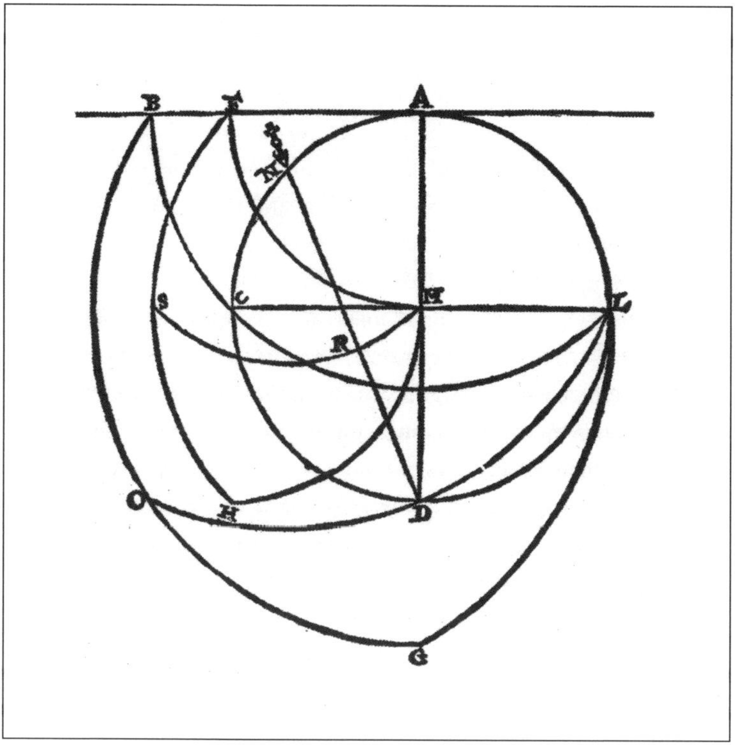

Ilustración 9: CONSTRUCCIÓN GEOMÉTRICA DE LA INCLINACIÓN EN UNA TERRELLA

Esta construcción es la aplicación más fascinante de las matemáticas en De Magnete, *que contenía impresiones contradictorias sobre el papel que debía jugar esta ciencia práctica en la filosofía de la naturaleza.*

Entonces se dividía ODL en noventa partes iguales (por los 90° de latitud). D era el punto en el que OD medía *x* unidades de longitud y DL era 90-*x*. Supuestamente, una línea trazada de N a D sería la dirección que seguiría una aguja de inclinómetro colocada en N. En este ejemplo, D coincide con el ecuador del imán, pero sólo porque N tiene una latitud de 45°.

La construcción, que técnicamente es una especie de nomograma, genera valores de inclinación con gran precisión y permitió redactar las tablas que se publicaron a principios del siglo XVII. Su complejidad y aparente arbitrariedad sugerían que había requerido buenas dosis de ingenio y de ensayo y error. Al igual que otros nomogramas, el diagrama parece ser un buen truco para lograr el resultado empírico correcto, en vez de ser un modelo matemático de las causas de la inclinación. A los matemáticos se les daba bien inventar trucos que obviaran las causas físicas de los fenómenos. Como había señalado Gilbert, eso fue lo que hicieron los astrónomos del Renacimiento al utilizar sus modelos teóricos para predecir los desplazamientos de los planetas.

El arco BOG, al que Gilbert llamó «la terminal de los arcos de rotación» es especialmente insólito, en tres dimensiones formaría una esfera que rodearía el imán a una distancia aparentemente arbitraria; y sin embargo definía con precisión la inclinación de una aguja en la superficie. ¿Podía tratarse de una causa real? Lectores actuales de *De Magnete* han tendido a interpretar el método como un mecanismo nomográfico no causal. Sin embargo, en su resumen de la historia de las matemáticas, Gilbert lamentó la costumbre de «los matemáticos de engañar a los filósofos crédulos», haciéndoles creer que mecanismos matemáticos como los polos celestiales o las esferas planetarias eran reales.

¡Demostrada la existencia del alma magnética!

Gilbert creía que la esfera espectral magnética que había descubierto era real. Ésta fue la conclusión más importante de su trabajo sobre la inclinación. Cuando paseó un versorium alrededor de la terrella, a cierta distancia de la superficie del imán como si recorriera una esfera magnética mayor e inmaterial, se mantenía la misma relación entre inclinación y latitud, aunque ahora el versorium se alineaba con puntos inmateriales de la amplia esfera de virtud que rodeaba la terrella.

En el penúltimo capítulo, «Sobre la forma magnética efundida como esfera», Gilbert aseguraba también efusivamente:

> *Después de trabajar mucho y muy duro para determinar la causa de esta inclinación, hemos tenido la fortuna de descubrir una nueva y admirable ciencia de las esferas mismas, una ciencia que supera todas las maravillas de las virtudes magnéticas. Tal es la propiedad de las esferas magnéticas que su fuerza efunde y se extiende más allá de sus superficies esféricas, superando los límites de la naturaleza corpórea; y la mente que estudie esta filosofía natural con diligencia descubrirá las causas precisas de los giros y movimientos.*
>
> [...] *En estas esferas (que podemos imaginar como infinitas) la aguja magnética o el versorium obedece a la esfera en la que se encuentra y a su diámetro, polos y ecuador, en vez de a los de la terrella* [física].

Gilbert había transformado el descubrimiento de Norman en la prueba más sólida de la existencia del alma de la Tierra. ¿Qué podía ser, si no, algo que existía sin materia como la esfera magnética externa? ¿Qué otra cosa podría generar y dirigir un movimiento tan divino como la inclinación? ¿Qué sería capaz de organizar todos los elementos de un cuerpo, para que funcionaran juntos como un todo?

En el quinto libro, en el título del duodécimo capítulo, Gilbert declaró que «La fuerza magnética tiene ánima o imita sus cualidades; en muchos aspectos supera el alma humana mientras ésta permanece unida a un cuerpo orgánico». Esgrimiendo todas sus armas retóricas, Gilbert empezó el capítulo con un ataque al error cometido por Aristóteles cuando negó el alma y el movimiento de la Tierra, para acabar concediéndole al planeta algún grado de conciencia. Fue desgranando los argumentos

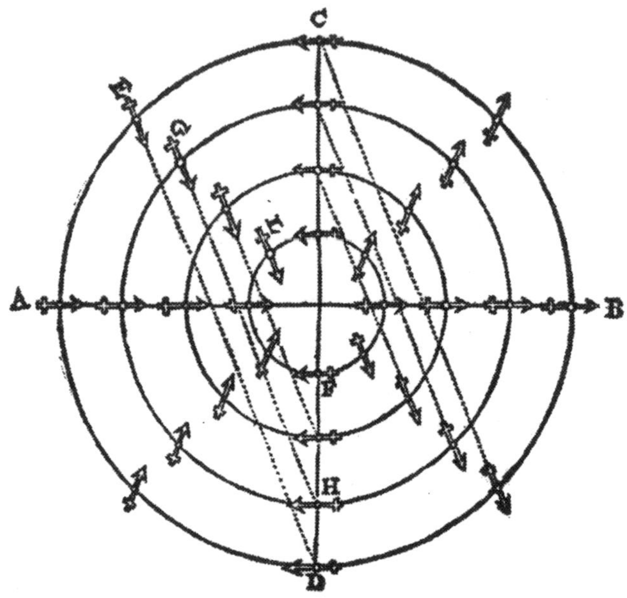

Ilustración 10: «El magnetismo formal, efundido en forma esférica»

En este diagrama, la terrella sólida está representada por el círculo LF. Los círculos externos son partes de la esfera de la virtud, que se extiende hacia el infinito. Los versoria inclinados, con líneas de puntos que indican la inclinación, están todos situados a 45 grados, al igual que el versorium de la ilustración 9. Nótese que cada versorium parece inclinarse hacia un punto en su propia esfera (G a H, E a D, etc.), del mismo modo en que el versorium N señalaba a D en la ilustración 9. La diferencia es que estos puntos (H, D) se encuentran fuera del cuerpo de la terrella, lo cual indica que la forma magnética se encuentra «efundida» y actúa de modo inmaterial, ordenando el espacio además de la materia.

en contra del carácter animado del planeta, por ejemplo que los animales tenían órganos y era esto lo que les permitía desplazarse.

Gilbert aseguró que la Tierra y los demás planetas también tenían órganos, «si bien es cierto que no están formados de vísceras, como los órganos animales». El eje y los polos magnéticos de la Tierra eran una prueba de que el planeta contaba con los órganos necesarios para generar su movimiento de rotación. Gilbert estaba convencido de que la polaridad o la verticidad de la Tierra tenían una causa física, orgánica y por consiguiente, recordaba a sus lectores que «en la terrella, el círculo equinoccial, los meridianos, los paralelos (de latitud), el eje y los polos son límites naturales; asimismo, en la Tierra existen los mismos límites naturales, no sólo matemáticos».

Gilbert estaba convencido de haber demostrado mediante la experimentación que un ente animado otorgaba al magnetismo las propiedades de polos, eje y movimiento giratorio. La Tierra también era un imán y había llegado el momento de hablar del movimiento terrestre.

Capítulo 13

GILBERT, COPÉRNICO Y EL GRAN IMÁN

Quizá desde una perspectiva actual el magnetismo copernicano no sea muy convincente, pero en el siglo XVII encontró muchos adeptos. La disciplina de la astronomía moderna nacería en las décadas que siguieron a la muerte de Gilbert. *De Magnete* aceleró este nacimiento de un modo que habría horrorizado a Gilbert. Pero la transformación fundamental de la astronomía no tuvo lugar con el cambio del universo geocéntrico de Ptolomeo por el heliocéntrico de Copérnico. El cambio fundamental fue la síntesis de una nueva disciplina científica: la astronomía física, que resultó de la combinación de la astronomía matemática con la filosofía natural. La astronomía se consideraba hasta entonces una ciencia diferente e inferior a la filosofía. Esta actitud debía cambiar para que despegara la astronomía física. Algunos de los principales artífices de este cambio, como Tycho Brahe, se oponían enérgicamente al concepto del movimiento terrestre, pero Gilbert era un caso único: ¡un copernicano que se oponía al cambio!

Los círculos del astrónomo y las esferas del filósofo

La formación en Cambridge había inculcado en Gilbert la idea de que la astronomía era una ciencia inferior. Ésta fue una de las pocas doctrinas escolásticas que no rechazaba del todo. Los astrónomos se dedicaban a estudiar unos planetas cuyas órbitas se acercaban al ideal del movimiento circular uniforme, aunque siglos de observaciones revelaban una serie de desviaciones pequeñas pero irritantes que los filósofos eran incapaces de explicar. Algunos años después de la muerte de Gilbert, Johann Kepler presentó una propuesta radical que sigue vigente en la actualidad: la mayoría de las irregularidades desaparecían si se permitía a los planetas acelerarse y decelerar en órbitas ligeramente elípticas.

Los astrónomos del Renacimiento se dedicaban a desarrollar modelos geométricos teóricos, que empleaban con el fin pragmático de determinar con precisión en qué lugar aparecerían los cuerpos celestiales desde la perspectiva de un observador en la Tierra. A diferencia de las hipótesis de la astronomía física actual, a los astrónomos del Renacimiento no les importaba si sus teorías eran ciertas o no. Las hipótesis del mismo Ptolomeo recurrían a un concepto geométrico llamado ecuante, aunque se sabía que éste era físicamente inviable.

Entretanto, los filósofos naturales del siglo XVI dejaban los detalles y la precisión a los astrónomos y pontificaban sobre un universo más sencillo. Sus elevados debates trataban de las causas físicas de los movimientos celestiales básicos. En el año 1600, pocos de estos estudiosos (la mayoría matemáticos) habían aceptado la visión copernicana. La mayoría de los filósofos se dedicaban a repetir y desarrollar argumentos antiguos a favor de la inmovilidad de la Tierra. Gilbert se enfrentó a ellos como no lo había hecho nadie antes.

El universo descrito por los filósofos naturales de la escuela aristotélica tradicional era un nido de esferas sólidas concéntricas, como una cebolla en cuyo centro se encontraba la Tierra. Las formas celestiales otorgaban la propiedad del movimiento natural circular a la sustancia de las esferas. La más próxima a la Tierra era la esfera de la Luna (en realidad ésta se consideraba una combinación de varias esferas), que transportaba al cuerpo lunar en su órbita mensual. Las siguientes eran las esferas de Mercurio, Venus y el Sol, cuyas órbitas duraban un año o menos. La esfera de Marte tenía un período de dos años, la de Júpiter duraba doce años y la de Saturno, veinte.

Más allá de Saturno se encontraba la «esfera de las estrellas fijas», una esfera enorme que giraba cada veinticuatro horas. Tal como había señalado Copérnico y reafirmado Gilbert, la rapidez de esta rotación desbarataba la armónica relación entre la distancia desde el centro y el período orbital.

Más allá de las estrellas que constituían el confín visible del universo, los aristotélicos situaban la esfera del *primum mobile*. Aristóteles había propuesto esta «causa primera» en respuesta a su principio de que todo lo que se movía debía tener otra cosa que lo impulsara. Para evitar una regresión infinita de causas, Aristóteles concluyó que todos los movimientos de las esferas celestiales tenían su origen en esta entidad, que era inmóvil. Era un concepto análogo al de un ser supremo y los aristotélicos cristianos lo emplearon para demostrar la existencia de Dios. La primera causa originaba el movimiento de la esfera de las estrellas, que a su vez lo transmitía a Saturno y así sucesivamente hasta llegar a la Luna, e incluso al mundo sublunar, donde se convertía en el origen de los vientos.

Sin embargo, debajo de la frontera que separaba el mundo lunar del sublunar, imperaban otras normas físicas: las reglas de los cuatro elementos que tanto detestaba Gilbert. En nuestro mundo, el movimiento natural no era circular sino rectilíneo. Todos los desplazamientos tenían principio y fin, ya que el movimiento eterno no correspondía al corrupto mundo terrenal. Un principio aristotélico fundamental aseguraba que en el mundo sublunar, las cosas sólo se movían «con el fin de detenerse en su lugar natural». El único movimiento natural de la tierra elemental era un desplazamiento rectilíneo hacia su lugar de descanso, en el centro del universo. Con la excepción de los objetos lanzados hacia arriba «en contra de su naturaleza», todos las cosas terrenales parecían obedecer a este principio.

¿Puede moverse la Tierra?

En el sexto libro de *De Magnete*, Gilbert repasó algunos de los argumentos en contra de una Tierra móvil, reunidos para su mayor comodidad en *De revolutionis orbium coelestium (De las revoluciones de las esferas celestes)* de Copérnico, publicada el año de su fallecimiento, en 1543. Todos los argumentos se basaban en la doctrina del movimiento sencillo, natural, rectilíneo de los cuatro elementos. Los habían esgrimido contra la posición «semicopernicana» que sólo contemplaba la rotación diaria de la Tierra sobre su propio eje, la única posición que defendía Gilbert en *De Magnete*. Los mismos argumentos se podían emplear para atacar el movimiento anual de traslación propuesto por Copérnico, que generaba aún más oposición, especialmente entre los teólogos.

Si la Tierra giraba sobre su propio eje, incluso en el poco tiempo que tardara una piedra en caer de la mano al suelo, el planeta se habría desplazado al este y la piedra parecería caer en forma de arco, hacia el oeste. En cualquier caso, si la Tierra se moviera sería imposible tenerse en pie, las nubes se desplazarían por el cielo a gran velocidad, los pájaros serían incapaces de regresar a su percha después de levantar el vuelo, los edificios se desmoronarían y probablemente la esfera sólida de la Tierra se desintegraría por la terrible fuerza centrífuga.

Galileo ofrecería una respuesta a esta objeción parecida a la actual. Hoy diríamos que los cuerpos terrestres están sometidos a dos fuerzas; la fuerza de la gravedad los estira hacia abajo, mientras que la inercia transmitida por la Tierra misma permite que se desplacen a la misma velocidad que ésta. Desde una perspectiva aristotélica tradicional, estos dos movimientos naturales de la Tierra vulnerarían las leyes de la naturaleza. Copérnico fue un paso más allá y atribuyó tres clases de desplazamiento a la Tierra:

además de la rotación y la traslación orbital, debía explicar un fenómeno conocido como la precesión de los equinoccios. Esto se da porque el eje de la Tierra realiza un giro con un período de veintiséis mil años. Los filósofos y astrónomos tradicionales habían detectado los mismos cambios en el cielo que Copérnico, pero inventaron otra esfera celestial para justificarlos.

Ningún copernicano anterior a Gilbert se había dedicado a rediseñar la teoría básica de la materia, a fin de responder a las objeciones formuladas por los aristotélicos. Los intentos de Copérnico no habían sido muy convincentes. Como astrónomo era un innovador, pero como filósofo de la naturaleza era de lo más tradicional. Se limitó a afirmar que si la Tierra se desplazaba, las cosas terrestres debían desplazarse en los mismos círculos naturales. Respecto a las que estuvieran hechas de los elementos agua y aire:

> *Diríamos que no sólo las combinaciones de tierra con el elemento acuoso muestran este movimiento, sino también una parte considerable del aire y de todo lo que está relacionado de algún modo con la tierra. El motivo de esto podría ser que el aire se combinara con materia terrestre o acuosa y se ajustara a la misma naturaleza que la tierra, o que el movimiento del aire, transmitido por la tierra por proximidad, compartiera la rotación incesante sin resistencia.*

Afortunadamente, Copérnico basó sus teorías innovadoras en argumentos matemáticos y no en los físicos. Estaba convencido de que la astronomía heliocéntrica era más precisa, económica y armoniosa que la geocéntrica. Gilbert recurrió a uno de sus argumentos en el sexto libro. Al permitir que la Tierra rotara, Copérnico había detenido el movimiento de las estrellas y eliminado el *primum mobile,* la causa primera de Aristóteles, que tanto había trastocado la armónica correlación entre período y radio orbital.

Copérnico fue el primer astrónomo físico de la era moderna. En el prólogo de su obra *De Revolutionibus,* criticó con dureza el limitado papel que se le concedía a la astronomía contemporánea, reducido a formular predicciones. Él creía que el deber de los astrónomos era contribuir al descubrimiento de la naturaleza real del cosmos creado por el Señor. Un factor importante de esta revuelta fue su contacto con el neoplatonismo italiano, según el cual el Creador había diseñado el cosmos siguiendo principios geométricos. Copérnico eliminó el ecuante ptolemaico porque era una vulneración de esos principios. El heliocentrismo no era una simple hipótesis, era una verdad física; los matemáticos sí podían resolver cuestiones de filosofía natural. Uno de los logros que más enorgullecía a Copérnico era que el heliocentrismo le permitió calcular por primera vez las distancias que separaban a todos los planetas del Sol. Sin embargo, a Gilbert este aspecto no le interesó.

Por desgracia para un Copérnico moribundo, un contemporáneo suyo llamado Osiander redactó un prólogo anónimo para *De Revolutionibus,* en el que contradecía la postura revolucionaria del astrónomo. Instaba a los lectores a no espantarse con las referencias del libro al movimiento de la Tierra. Todo el mundo sabía que:

> *Dado que a veces se ofrecen distintas hipótesis para explicar un mismo movimiento (por ejemplo, la excentricidad y el epiciclo para el desplazamiento del Sol), el astrónomo puede recurrir a aquella hipótesis que sea más fácil de asimilar. El filósofo, por otro lado, preferirá buscar la verdad.*

Después de leer el prefacio de Osiander, muchos lectores en tiempos de Gilbert consideraron que la teoría copernicana sólo era eso: otra hipótesis. Algunos astrónomos la favorecían; demostró ser más precisa y además permitía prescindir del ecuante, que había sido un engorro para los cálculos. Asimismo, Copérnico había ofrecido soluciones impresionantes a problemas técnicos como la precesión. Llamaron a Copérnico el «redentor de la astronomía», aunque no creían que la Tierra se moviera. Desde una perspectiva física, la idea era absurda; además no se molestaron en debatirla, ya que la física no era asunto suyo.

El auge del copernicanismo verdadero

Los primeros en romper con el consenso y defender en público la idea de que la Tierra se movía eran matemáticos, como Copérnico. Individuos como el joven Kepler o Galileo, Simon Stevin en Holanda o Thomas Digges en Inglaterra, tenían los conocimientos suficientes para comprender la astronomía matemática copernicana. También compartían la fe de Copérnico en el poder de las matemáticas para descubrir realidades físicas.

Por ejemplo, basándose en sus observaciones astronómicas y en sus cálculos sobre la «nueva estrella» en 1572, Digges estaba convencido de que ésta se encontraba encima de la esfera lunar y que esto negaba la inmutabilidad de la materia celestial. También lo creía Tycho Brahe, un buen ejemplo de los astrónomos progresistas que veían como algo físicamente absurdo que la Tierra se desplazara. Tycho y Digges afirmaban que en 1577 un cometa había atravesado el cielo, demostrando así que no existían las esferas sólidas. Pero si no había esferas sólidas que propulsaran los planetas, ¿cómo se podría mover la Tierra?

Los componentes del reducido grupo de seguidores públicos de Copérnico tenían otra cosa en común: ninguno de ellos trabajaba en la universidad, donde se mantenía la subordinación de las matemáticas a la filosofía natural y esta jerarquía se reflejaba en el estatus y los salarios del profesorado. Así como Gilbert había desarrollado sus ideas contrarias al aristotelismo en el ambiente liberal de Londres y no en la universidad de Cambridge, los primeros matemáticos copernicanos prosperaron trabajando para nobles y príncipes europeos. Tycho haría lo mismo. Como solía ocurrir en los mecenazgos del Renacimiento, ambas partes salían ganando: los mecenas se ganaban la fama de apoyar a jóvenes estrellas intelectuales, mientras que a los astrónomos se les permitía jugar a ser filósofos naturales.

Hubo una excepción a esta tónica: William Gilbert. En su historia de la astronomía, Gilbert alabó a los matemáticos y los describió como personas inteligentes y trabajadoras que realizaban una labor difícil. Era tan difícil que se veían obligados a limitarse a trabajar con ficciones útiles. Cada vez que los filósofos naturales habían tratado de convertir esas ficciones en realidad, como en el caso de las esferas celestiales, habían terminado cometiendo errores desastrosos. Gilbert creía que los astrónomos y los filósofos naturales debían ceñirse con disciplina a los papeles que les correspondían. Cuando Gilbert alabó a Copérnico en la última página de *De Magnete,* llamándole el «redentor de la astronomía», se refería a la astronomía ficticia a la que se refería Osiander en su prólogo.

Gilbert era el único copernicano convencido que negaba que Copérnico fuera un astrónomo revolucionario. No le gustaban los argumentos matemáticos a favor del movimiento terrestre y a diferencia de los demás copernicanos de la época, no los necesitaba. No tenía necesidad de refutar los argumentos de la física aristotélica con la superioridad matemática del heliocentrismo. Había sustituido las teorías aristotélicas de la materia y del movimiento con la filosofía magnética experimental. Su filosofía magnética de la Tierra le daba todas las pruebas del movimiento terrestre que necesitaba y, como filósofo de la naturaleza, las únicas que estaba dispuesto a aceptar.

Los movimientos magnéticos de la Tierra

Gilbert había advertido a sus lectores que *De Magnete* culminaría con «una contemplación de la Tierra entera; y aquí decidimos filosofar con libertad, tan libremente como lo hicieron en el pasado los egipcios, los griegos y los romanos». Su intención no era que los lectores interpretaran su teoría del movimiento magnético de la Tierra como una especulación libre, como lo han hecho algunos. Se refería a liberar las ideas de las ortodoxias simplistas y aplastantes, que en su opinión ya existían antes de Aristóteles. Anticipaba, con toda la razón, que los teólogos y los filósofos ortodoxos se molestarían, pero en sus palabras, «dejemos que los teólogos rechacen y eliminen esos viejos cuentos de la revolución rápida de los cielos, que han tomado prestados de ciertos filósofos superficiales».

En el sexto libro, la culminación de su obra, reconoció que la doctrina heliocéntrica no era más que «probable». Pero a continuación aseguraba que «deducimos, no de forma probable sino con toda certeza, la rotación de la Tierra». Gilbert planteaba una pregunta definitiva: ¿Qué giraba cada veinticuatro horas? ¿Era más probable que fuera la esfera enorme de estrellas e incluso el *primum mobile* más allá, o la Tierra? La pregunta era propia de un filósofo natural, ya que los astrónomos se las podían arreglar por igual con la hipótesis geocéntrica y la heliocéntrica. La pregunta crucial era ¿cuál es mejor, la filosofía aristotélica o la magnética?

Gilbert, que creía en un universo infinito, aseguró que era imposible demostrar que las estrellas limitaban su presencia a una esfera giratoria.

> *¿A qué distancia de la Tierra se encuentran las estrellas más remotas? Están más allá del alcance de la vista y de los instrumentos inventados por el hombre, incluso del alcance de sus pensamientos. Qué absurdo es este movimiento, pero más absurdo aún es la idea de un supuesto* primum mobile *giratorio.*

Haciendo caso omiso del principio aristotélico de que los cielos estaban compuestos de elementos con movimiento natural circular, Gilbert procedió a emplear los propios argumentos de los aristotélicos en su contra. Debido a su mayor tamaño, era más probable la desintegración de las esferas celestiales por la acción de la fuerza centrífuga que la de la Tierra, aunque aquéllas estuvieran hechas de hierro. Asimismo, más allá de la discordia y la «tiranía» que introducía el *primum mobile* en los cielos, el espíritu empírico de Gilbert pedía alguna prueba, un sólo indicio que confirmara la existencia de esta esfera. Pero no existían tales indicios. El contraste con su teoría de la Tierra magnética era evidente.

Por consiguiente, después de dirigir nuestra investigación hacia una causa manifiesta, perceptible y comprendida por todo el mundo, sabemos que la Tierra gira sobre sus propios polos, cuya existencia ha quedado demostrada por múltiples demostraciones magnéticas. No sólo en virtud de la estabilidad y la posición fija y permanente [del eje], *la Tierra posee polos y verticidad* [...] *Gracias a la maravillosa sabiduría del Creador, se implantaron en la Tierra fuerzas animadas con tal de que el globo adquiriera dirección y que los polos fueran opuestos, de modo que se realizara sobre ellos el movimiento de rotación diurna, como si fueran los extremos de un eje.*

Gilbert ofrecía soluciones para los dos grandes problemas físicos que afrontaba el copernicanismo de finales del siglo XVI. ¿Cuál era la fuerza que impulsaba el movimiento giratorio de la Tierra? El coito magnético. Y si no había esferas sólidas, ¿cómo permanecía estable una Tierra móvil, con el polo norte señalando siempre a la estrella Polar? Gracias a la verticidad magnética.

Pero había un problema. No era el hecho de que la terrella de Peregrinus no girara. Gilbert dudaba «de la existencia de ese movimiento». El punto débil era la precesión de los equinoccios. Copérnico la había definido como una pequeña oscilación del eje de la Tierra. ¿Significaba esto que la Tierra no era magnéticamente estable? Como cualquier científico que se precie, Gilbert no estaba dispuesto a permitir que una pequeña anomalía estropeara una buena teoría. En realidad, la precesión encontraba cabida en la gran cosmología que delineó en *Nova Physiologia.*

La «mente magnética astral» de la Tierra

De Magnete permite vislumbrar el universo de Gilbert. Se trata de un cosmos en el que todas las estrellas y los planetas tienen alma, donde las virtudes inmateriales se extienden infinitamente hasta interactuar entre sí. Las ánimas planetarias cooperan y acuerdan mediante un «pacto de consentimiento» desplazarse de un modo armónico, por el bien de todos. La correlación entre la distancia que separaba un planeta del Sol y su período orbital era un buen ejemplo de esa armonía.

Y se trataba efectivamente del bien de todos. Gilbert aborrecía la perspectiva exclusivamente geocéntrica, con la que teólogos y filósofos convencionales de la naturaleza sólo pensaban en la influencia que ejercían las estrellas y los planetas sobre la Tierra. Inventaron un complejo mecanismo celestial para justificar la inmovilidad de la Tierra. Pero Gilbert estaba convencido de que la Tierra no era tan singular y desde luego, no era el único cuerpo inerte y corrupto de todo el universo. Según Gilbert, «así como el Sol (el principal incitador en la naturaleza) impulsa el avance de los planetas por sus trayectorias, también impulsa la rotación de este globo terráqueo, mediante el envío de las energías de sus esferas virtuosas de las que emana la luz». ¿Cabe alguna duda de que William Gilbert era un copernicano convencido?

El alma de la Tierra, su «mente magnética astral», formaba parte del pacto armonioso y por consiguiente, actuaba por el bien de todos. La rotación diaria era necesaria para distribuir la luz del sol por toda la Tierra. De otro modo, la mitad de la Tierra se abrasaría y sería «incapaz de dar vida a la creación animada, con lo que el hombre desaparecería. En otras partes reinaría el horror y todo se congelaría a temperaturas gélidas». Asimismo, el eje de la Tierra tenía una inclinación de 23° con respecto a la eclíptica. «La sabiduría de la naturaleza ha ordenado» esta circunstancia, porque sin ella careceríamos de las estaciones y de la fertilidad que proporcionan.

La precesión era otro buen concepto de diseño ideado por la mente magnética astral:

De este modo varían los rayos de todas las estrellas que alcanzan la superficie de la Tierra, gracias a esta inflexión magnética del eje del planeta. Así se originan las pequeñas variaciones constantes de las estaciones; así varía la fertilidad de las regiones; así cambia el carácter y la naturaleza de las naciones, de los gobiernos y de las leyes, de acuerdo con la influencia de las estrellas fijas.

Esta profunda fe de Gilbert en la astrología no era nada fuera de lo normal en aquella época, pero sí lo era su creencia de que las fuerzas astrológicas estaban controladas por el ánima magnética de la Tierra.

Enterrado en *Nova Physiologia* hallamos una consecuencia insólita de la teoría de Gilbert sobre el pacto de consentimiento entre almas. Aunque las fuerzas motrices de los planetas estuvieran generadas por sus ánimas, las gobernaban leyes que podían estudiar los filósofos de la naturaleza. Gilbert había demostrado que una esfera efundida de virtud magnética generaba una ley de inclinación y latitud. También había propuesto una ley de proporcionalidad inversa entre la distancia de un imán y su poder de atracción.

Con estos recursos conceptuales, Gilbert pudo haber tratado de hacer con el magnetismo lo que hizo Newton con la gravedad. Podría haber tratado de deducir las órbitas exactas de los planetas, mediante las leyes de las fuerzas que actuaban sobre ellos. Empezó a investigar ese campo en la sección sobre la Luna, pero se detuvo. Creo que lo hizo porque creyó que las interacciones dinámicas de las fuerzas animadas eran demasiado complicadas. Al igual que la posición de las estrellas, los movimientos resultantes se encontraban «más allá de los designios y del pensamiento del hombre».

Es posible que esta creencia de que la dinámica celestial implícita en su filosofía del magnetismo era de una complejidad imposible explicara su actitud hacia los astrónomos. En *Nova Physiologia* escribió que las hipótesis...

[...] *no son desvaríos de los astrónomos, aunque sean distintas y contradictorias entre sí. Pero todos los eruditos que se dedican a estudiar los fenómenos pueden buscar hipótesis que faciliten sus cálculos. Esto sería necesario aunque se llegara a conocer y comprender la verdadera filosofía de los cuerpos y las ciencias celestiales.*

Quizá no es que Gilbert fuera un carcamal con respecto a los jóvenes matemáticos, sino que el inventor de la primera teoría viable de la materia y la dinámica de un universo copernicano se compadecía de ellos, por haberles propuesto un desafío tan complejo con su filosofía magnética.

De Magnete termina de forma abrupta, tras varias páginas sobre la astronomía técnica de la precesión. «Todos estos puntos relativos a la precesión aún están por decidir y por definir, de modo que no podemos atribuir con certeza una causa natural al movimiento. Por consiguiente, aquí concluyen nuestros argumentos y experimentos magnéticos.» *Finis.*

Ése había sido el objetivo del sexto libro. Gilbert creía haber definido con certeza las causas naturales de algunos movimientos de la Tierra. Eso también explica por qué no hacía mención del movimiento anual de traslación de la Tierra. La causa primaria de la órbita anual era la virtud lumínica del Sol, no la virtud magnética de la Tierra. No tenía forma de experimentar con la virtud solar, mientras que la terrella había sido un fantástico modelo para estudiar el magnetismo de la Tierra; los viajes del versorium habían desvelado los secretos de la forma magnética terrestre, pero la terrella no era un Sol en miniatura.

En conclusión, *De Magnete* merece toda nuestra consideración como obra de experimentación. Evidentemente, no creemos que de sus experimentos con imanes y de sus datos de navegación se pueda deducir la existencia del alma de la Tierra o el movimiento de rotación. *De Magnete* no se limitaba a la observación sino que iba mucho más allá, con métodos deductivos de una profunda ingenuidad metodológica. Asimismo, Gilbert interpretaba todos sus experimentos a través del prisma de la metafísica y de su teoría preconcebida. Pero ¿acaso no hacen lo mismo gran parte de los científicos actuales?

Esta conclusión no ayuda a esclarecer uno de los grandes misterios de la obra de Gilbert: si *De Magnete* fue la primera aplicación positiva de la ciencia experimental, ¿por qué abandonó Gilbert el método experimental en *Nova Physiologia*?

Capítulo 14

EL OSCURO SECRETO DE *DE MAGNETE*

La ciencia actual es una labor de equipo, que suele recurrir a la pericia y a los conocimientos de más de una persona. Generalmente los artículos científicos llevan las firmas de varios autores. Por otra parte, los inicios de la ciencia moderna parecen haber sido una época más heroica, impulsada por genios individuales como William Harvey, Galileo, o el mismo Gilbert. Sin duda debían parte de sus logros a la educación, a sus antecesores, a sus compañeros menos conocidos, o a los técnicos olvidados, pero sus libros eran obra suya, ¿o no? El secreto oscuro de *De Magnete* es que Gilbert lo escribió con mucha ayuda. ¿Era suya la innovadora teoría de la Tierra magnética? Sin duda. Pero la síntesis innovadora de filosofía y experimento, de teoría y práctica ¿también era obra suya? Probablemente no.

Consideremos las siguientes interrogantes. *De Magnete* está repleto de pruebas experimentales y empíricas, a diferencia de *Nova Physiologia. De Magnete* ensalza las aplicaciones prácticas de las teorías, mientras *Nova Physiologia* les hace caso omiso. *De Magnete* contiene complejas representaciones geométricas de la fuerza magnética, aunque Gilbert negaba la utilidad de las matemáticas para el estudio de la filosofía natural. Tanto *De Magnete* como *Nova Physiologia* incluyen elementos técnicos de astronomía copernicana, aunque Gilbert no era muy versado en astronomía. *De Magnete* describe las prácticas, los errores y las obras más recientes de renombrados navegantes con la precisión de un experto, aunque Gilbert no tenía experiencia en este campo. *De Magnete* contiene descripciones de instrumentos nuevos y de su empleo, en términos técnicos que no emplearía en ninguna otra parte.

En la época en la que estuvo de moda la historia marxista de la ciencia, no faltó quien destacara las deudas declaradas y no declaradas de Gilbert con los navegantes, los fabricantes de instrumentos y los mineros. Se aseguraba que Gilbert había adquirido su método experimental a partir de los expertos conocimientos de artesanos oprimidos. El caso de Robert Norman es un ejemplo de que esta interpretación marxista no iba del todo descaminada.

Pero historiadores más recientes se han fijado en otro grupo, los llamados «matemáticos prácticos». Este grupo incluye a los fabricantes de instrumentos más destacados como Norman, pero también a caballeros de buena cuna como Edward Wright, que de proletarios oprimidos no tenían nada. Lo que tenían en común todos estos matemáticos prácticos era su aplicación de los conocimientos matemáticos a las llamadas «artes prácticas» como la navegación, la exploración y cartografía, e incluso a la composición musical. El trabajo de estos expertos en la solución sistemática de problemas les llevaba a realizar pruebas con imanes, compases, cañones, material de construcción, telescopios, etc., que a menudo guardaban un gran parecido con los experimentos actuales.

Los marxistas señalaron que la posición social en Inglaterra de estos artesanos del conocimiento se elevó durante el reinado isabelino, mientras Londres vivía el auge del primer capitalismo moderno. Sin embargo, el capitalismo no nos ayuda a entender por qué el gobernante de Florencia querría patrocinar a un conflictivo astrónomo copernicano llamado Galileo, que insistía en que le llamaran «filósofo de la corte». Los matemáticos encontraron plazas en las cortes europeas por muchos motivos diferentes y empezaron a describirse a sí mismo como filósofos naturales. Tras la muerte de Gilbert continuó el proceso de integración en la filosofía natural, entre las matemáticas «nobles» como la astronomía y las matemáticas «vulgares» como la navegación. Muchos historiadores actuales creen que este proceso fue muy importante para la creación de disciplinas modernas como la astronomía física o la física experimental y aplicada. Alguien como Galileo que revolucionó todos estos campos, combinaba dos papeles que tradicionalmente se mantenían por separado: las matemáticas y la filosofía natural.

Sin embargo, la corte isabelina no era de las más acogedoras con los matemáticos de inclinaciones filosóficas. En lo que respecta al mecenazgo de la filosofía natural, la corte isabelina no estaba a la altura de otras cortes europeas como las de Italia, Francia o Alemania. La reina Isabel y sus nobles no eran tan acaudalados como algunas de sus contrapartes europeas. Se enfrentaban a la amenaza de una invasión y tenían que ocuparse de un imperio naciente. Querían a los matemáticos para labores urgentes y prácticas. John Dee perdió la paciencia y emigró, Thomas Digges renunció a la investigación astronómica para realizar trabajos militares y Edward Wright recibió instrucciones desde Cambridge para embarcarse en una expedición rumbo a las Azores. *De Magnete* no tenía mecenas.

¿*De Magnete*, de Edward Wright?

En *De Magnete*, Gilbert parece haber creado la ciencia experimental del magnetismo manteniendo separadas a la filosofía y la filosofía natural. Quizá sea importante destacar que *De Magnete* fue, en parte, fruto de la colaboración entre Gilbert, el filósofo natural, y Edward Wright el matemático. Y parece ser que Wright escribió varias partes de *De Magnete* y no sólo un elogioso prólogo para la obra de Gilbert. El testigo principal es el doctor Mark Ridley, un amigo de Gilbert que experimentaba con el instrumental del filósofo. Incluso es posible que fuera inquilino suyo. En cualquier caso conocía bien a Wright. Después de la muerte de Gilbert, Ridley heredó el papel de filósofo radical del magnetismo y cuando su contemporáneo conservador William Barlow criticó el copernicanismo magnético de Gilbert, Ridley publicó una defensa apasionada de su maestro. Fue Ridley quien reveló que Wright había ayudado a Gilbert, en parte con su pericia como matemático.

Ridley recordó a Barlow que Wright había refrendado el movimiento magnético de la Tierra en su artículo.

> [Wright] *tenía un gran talento para las matemáticas y era un buen conocedor de las lecciones de navegación de la compañía de las Indias Orientales... Este hombre se esmeró en la corrección de la obra del doctor Gilbert y mantuvo muchas conversaciones con él. Respecto a aquel sexto libro* [De Magnete] *al que usted* [Barlow] *no concede el menor crédito, le pregunté si había contribuido a él o había escrito alguna parte, porque sabía que era un experto conocedor de Copérnico desde su juventud. Negó haber contribuido en absoluto, pero insistí en que el duodécimo capítulo del cuarto libro debía de ser suyo a la fuerza, en vista de su tabla de las estrellas fijas. Confesó que él había escrito ese capítulo y cuando le pregunté si consideraba al autor* [Gilbert] *experto en cuestiones copernicanas, respondió que no. Entonces reveló que sentía mucha estima por un doctor Gissope* [Joseph Jessop], *que se hospedó en su casa y también fue invitado de sir Charles Chandish. Siempre le consideramos un gran matemático y a nuestro parecer, fue de gran ayuda en esa cuestión. He visto páginas enteras del puño y letra de este hombre, con demostraciones concernientes a Copérnico, en un libro de filosofía escrito por otro hombre.*

Estas revelaciones eran extraordinarias. Ridley, Wright y Barlow eran tres de los hombres con los que Gilbert comentaba en detalle su obra. Todos sabían que el antiguo examinador de matemáticas en la universidad de Cambridge y el copernicano más conocido de Inglaterra no comprendía las matemáticas de Copérnico. Dada la actitud conservadora de Gilbert hacia la astronomía magnética, esto no resulta tan sorprendente. Pero el sexto libro de *De Magnete* indica la autoría de alguien que conoce bien a Copérnico, incluso sus complicadas explicaciones de la precesión. ¿Podrían ser obra de Joseph Jessop aquellas insólitas páginas finales? Quizá la astronomía técnica se coló en *Nova Physiologia* cuando el hermano de Gilbert incluyó por equivocación «páginas enteras del puño y letra de este hombre». Jamás lo sabremos, pero un Gilbert despojado de conocimiento profundo de la astronomía copernicana se ajusta más a la imagen que tenía de sí mismo como filósofo de la naturaleza.

Surgen más preguntas. ¿Cuáles de las muchas áreas de conocimiento reflejadas en *De Magnete* correspondían realmente a Gilbert? ¿Qué capítulos escribió él en realidad? Es muy probable que Ridley acertara en su opinión de que Gilbert no había escrito el capítulo sobre cómo determinar la declinación.

Wright había publicado su obra *Certaine Errors of Navigation (Ciertos errores de navegación)* un año antes que se publicara *De Magnete*. Incluía unas «Tablas de la declinación del Sol y de las estrellas fijas», que reaparecieron en el capítulo que escribió para *De Magnete* y que revelaron a Ridley su autoría. Otro indicio era un diseño suyo de un compás azimutal. En *Certaine Errors* simplemente afirmaba que había desarrollado un instrumento muy preciso para determinar la declinación y ese mismo instrumento se encontraba en el cuarto libro, duodécimo capítulo de *De Magnete*, descrito e ilustrado.

Cuando se empieza a buscar, las huellas de Wright empiezan a aparecer en lugares insospechados. *Certaine Errors* también contenía la primera reflexión en un manual de navegación sobre los efectos de la refracción atmosférica. A su vez, *De Magnete* señalaba que «un observador experimentado de la declinación ajustará sus cálculos para compensar la refracción». *De Magnete* contiene un comentario de pasada sobre «la isla de Santa Helena (cuya longitud es menor a la que suele aparecer en los mapas)». Éste había sido un elemento importante de *Certaine Errors*, en el que Wright había publicado su nueva proyección cartográfica para corregir errores de este tipo. Es probable que Wright compartiera con Gilbert su conocimiento profundo de los errores cometidos en la construcción y el empleo de brújulas y compases, así como sus recopilaciones de datos sobre la declinación. Asimismo, seguramente fue Wright, con sus contactos en el mundo náutico holandés, quien alertó a Gilbert de la existencia de la obra de Stevin *De Havenvinding*.

Al comprobar con certeza que Wright escribió el capítulo doce del cuarto libro, se empiezan a reconocer algunas particularidades técnicas y estilísticas que contrastan con la mayor parte de *De Magnete*. Este capítulo contiene subtítulos en cursiva, términos especializados de matemáticas aplicadas y referencias a técnicas avanzadas como la prostaféresis, el precursor de los logaritmos desarrollado por Tycho Brahe.

Estando pendiente de estas peculiaridades, otras secciones del libro empiezan a parecer sospechosas. El caso más claro se encuentra en el quinto libro, octavo capítulo, que representa el punto álgido de *De Magnete* en cuestión de matemáticas aplicadas: la extraordinaria construcción geométrica de la correlación entre inclinación y latitud *(véase en la página 159)*. No es probable que Gilbert tuviera los conocimientos de geometría, la paciencia ni el interés necesarios para trazar y afinar esta construcción. Por otra parte, Wright era un experto en matemáticas, cartógrafo y teórico de la navegación que había destacado el valor de esta aplicación práctica de la filosofía magnética en su artículo. Además de esta muestra de matemáticas avanzadas, el capítulo contiene subtítulos y algunos de los mismos términos matemáticos. Asimismo, menciona una nueva aplicación de «nuestro instrumento para la declinación», el instrumento diseñado por Wright y descrito en el duodécimo capítulo del cuarto libro.

Si a Gilbert no se le daba bien fabricar, emplear o escribir sobre los instrumentos de navegación, ¿quién inventó el impresionante inclinómetro descrito en *De Magnete*? En junio del año 1600, el cuñado de Wright

Ilustración 11: INCLINÓMETRO

De Magnete *contenía esta ilustración, acompañada de instrucciones muy detalladas para fabricar y utilizar un inclinómetro de gran precisión. Lejos de demostrar el dominio de la experimentación y de las matemáticas prácticas de Gilbert, es probable que el inventor de este aparato y el autor de su descripción fuera Edward Wright. Wright había escrito una «introducción laudatoria» en* De Magnete, *pero hay pruebas convincentes de que también escribió otras partes del libro y colaboró con Gilbert en su redacción.*

le escribió una carta sobre su «nuevo instrumento magnético para medir la inclinación». Cuando Wright lo añadió a su edición de 1610 de *Certaine Errors*, daba a entender que era invento suyo. Aceptemos que Gilbert pudo ser el primero en notar la correlación entre inclinación y latitud mientras experimentaba con la terrella, pero es probable que Wright cuantificara esta relación, inventara el nomograma y diseñara el inclinómetro. De ser así, Wright sería responsable de la aplicación práctica más innovadora que contiene *De Magnete*: la determinación magnética de la latitud. Es posible que también se ocupara de asegurar que otras aplicaciones prácticas, por ejemplo el uso de la declinación para determinar la longitud, propuesto por Stevin, se desarrollara a fondo.

Aunque el papel jugado por Wright fuera tan fundamental como sugieren estos casos, Gilbert seguiría siendo responsable de las ideas más ambiciosas, de los brillantes experimentos y del conocimiento profundo de los imanes que contiene *De Magnete*; seguiría siendo el azote de Aristóteles y el creador de la filosofía del magnetismo. Sin embargo, la presencia de una mano oculta en *De Magnete* (o de más de una mano, si incluimos al copernicano Jessop) tiene otras repercusiones: sugiere que el uso por parte de Gilbert de los métodos experimentales de artesanos y matemáticos prácticos no era tan profundo como creíamos. También explica el papel contradictorio que juegan las matemáticas en *De Magnete*. Y nos deja una impresión de Gilbert más cercana a la imagen de un filósofo natural al uso a finales del Renacimiento, de los que escribían libros como *Nova Physiologia*.

De Magnete logró una síntesis revolucionaria entre la teoría causal y sus aplicaciones prácticas, cuantitativas. Es posible que el libro fuera el producto de dos mentes y dos actitudes que se mantenían separadas en la mayoría de universidades, en la corte de la reina Isabel y en la cabeza de Gilbert. ¿Cómo lo recibirían los lectores del siglo XVII?

TERCERA PARTE

DESPUÉS DE LA REVOLUCIÓN: LOS FILÓSOFOS MAGNÉTICOS HEREDAN LA TIERRA

Capítulo 15

¡ADIÓS, MARINO! LA TIERRA DE GILBERT ATACADA Y DEFENDIDA

La nueva filosofía magnética de William Gilbert cuajó casi de inmediato. Aunque se vendieron apenas unos centenares de ejemplares de *De Magnete*, incluidas las ediciones pirata, las doctrinas se difundieron a través de imitaciones, divulgaciones, resúmenes y portentosas polémicas. *De Magnete* despertó el interés de muchísimos grupos. Incitó a los aristotélicos a refutar su teoría de la materia. Ofendió a los teólogos conservadores y a los cosmólogos. Emocionó a los copernicanos. Los ocultistas estaban indecisos sobre si los experimentos magnéticos de Gilbert suponían un reto o una oportunidad de convertir la magia en algo científico. Los practicantes de las matemáticas aceptaron en general las nuevas bases de la navegación magnética. Pero un individuo con un plan de longitud no estaba satisfecho. Los intereses eminentemente prácticos de determinar la posición en el mar generaron la primera tormenta.

El ataque desde Francia

En 1602, cuando la vida de Gilbert tocaba a su fin, un noble francés lanzó un reto a la prioridad de Gilbert y a sus principales conclusiones. El autor era Guillaume de Nautonnier, Señor de Castelfranc-sur-Lot, en Languedoc. De Nautonnier era marino de nombre, pero no de vocación. Como francés era una rareza, comparable al danés Tycho Brahe. Al igual que Tycho era un aristócrata, que había elegido la profesión de clase media de matemático. Como Tycho, servía a su rey en calidad de matemático: era geógrafo real. En el más extraordinario de los paralelismos, construyó el primer observatorio astronómico francés cerca de su castillo en 1609. El castillo y algunos restos del observatorio todavía se conservan, exhibidos hoy en día como atracción turística para aficionados a la astronomía y entusiastas de las líneas Ley.

De Nautonnier publicó un solo libro, pero de enormes dimensiones y cargado de promesas. *Mécométrie de l'eymant (La mecometría de la magnetita, o la forma de determinar las longitudes mediante la magnetita)* describía su solución al problema de la longitud. Era una obra espléndida, escrita no para marinos sino para monarcas y sus asesores matemáticos, pensando en el mecenazgo. También fue una obra superflua.

De Nautonnier insistió en que había concluido independientemente de Gilbert que la Tierra era magnética. Tal vez lo hiciera; la teoría básica pudo habérsele ocurrido, al igual que a Gilbert, como una simple inversión de las ideas de Peregrinus. Pero el buen señor no presentó ninguna prueba experimental ni deductiva que no apareciera en *De Magnete.* Si bien De Nautonnier citaba con aprobación las pruebas de Gilbert, en los principios fundamentales eran literalmente polos opuestos.

La *Mécométrie* elevó a una perfección fútil un modelo desarrollado a lo largo del siglo XVI y que la filosofía de Gilbert intentaba destruir. De Nautonnier fue el primero en proponer explícitamente que la Tierra era un dipolo inclinado. Los esquemas ibéricos de longitud magnética concordaban con la teoría, pero ninguna mencionaba concretamente

Ilustración 12: **Portada de la segunda edición pirata de *De Magnete* (Szczecin, 1628)**

Las versiones no autorizadas de libros populares eran comunes. Lochman era impresor de obras matemáticas en un floreciente puerto en la frontera (actual) entre Polonia y Alemania, que publicó más ejemplares en 1633. Las vistosas imágenes sugieren una obra que combina filosofía natural y matemáticas prácticas. Arriba a la izquierda vemos la terrella experimental (cf. Ilustración 6) *y arriba a la derecha una práctica piedra imán oval con fundas. Un filósofo sujeta una cadena de piedras maravillosamente suspendida, frente a un navegante y las herramientas de hierro de su oficio. Abajo a la izquierda está el inclinómetro de investigación* (cf. Ilustración 11), *frente al instrumento geométrico para determinar la latitud* (cf. Ilustración 9). *Abajo en el centro se unen la filosofía y la navegación, con una terrella flotante y un barco guiado por un compás. El título* (cf. Ilustración 5) *enfatiza que la obra es una «nueva filosofía natural».*

los polos. De Nautonnier lo hizo. Comunicó a sus lectores dónde se encontraban. Sus latitudes eran 67° norte y 67° sur, apenas en los círculos ártico y antártico. Sus longitudes (desde nuestro moderno meridiano de Greenwich) eran aproximadamente 30° este y 150° oeste. Por consiguiente, sus dipolos estaban situados en Siberia y la Antártida. Se encontraban a una distancia considerable de los polos geográficos de la filosofía de Gilbert, pero todavía en territorio inexplorado.

Latitudes magnéticas y un sinfín de longitudes

Para establecer sus polos como solución «mecométrica» o localizadores de la longitud, De Nautonnier debía responder a *De Magnete*. En particular debía defender el sueño del siglo XVI de la declinación regular, ante los ataques de Gilbert, Wright y Stevin. La Tierra magnética de De Nautonnier era perfectamente esférica. Las agujas de las brújulas se alineaban siempre directamente con el norte magnético. Había meridianos magnéticos y paralelos de latitud, pero estaban inclinados o desviados 23° de la trama geográfica.

El gran círculo que pasaba por ambos pares de polos formaba dos «meridianos principales» de declinación cero. Cruzaba Las Azores (30° este) y la moderna Indonesia (150° oeste), al igual que los meridianos portugueses con ochenta años de antelación. Al alejarse de uno de estos meridianos a lo largo del ecuador, aumentaba lentamente la declinación hasta un máximo de 23°, antes de empezar a decrecer de nuevo hacia cero. Navegando hacia el norte (o el sur) a lo largo de cualquier meridiano geográfico, la declinación aumentaba rápidamente hasta un máximo de 180° en los puntos situados entre los polos magnéticos y los geográficos. Estas enormes predicciones correspondían a las grandes variaciones de los informes marinos a altas latitudes, pero no a su experiencia de irregularidades.

El esquema de De Nautonnier requería la aceptación de sus axiomas de polos separados y uniformidad geomagnética. Después de *De Magnete*,

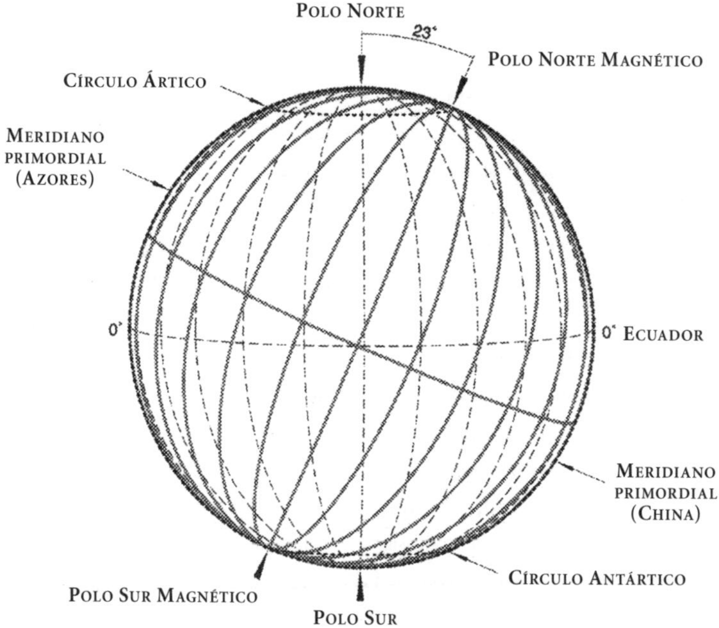

Ilustración 13: **Los meridianos mecométricos de De Nautonnier**

El diagrama ilustra el potencial para determinar la longitud de la teoría geomagnética del dipolo a 23° de inclinación de De Nautonnier, publicada por primera vez en 1602. Dos cuadrículas idénticas de meridianos y un ecuador se han superpuesto sobre la Tierra. Las líneas punteadas son meridianos geográficos normales, que convergen en los polos norte y sur. Las líneas continuas representan los meridianos magnéticos de De Nautonnier, que convergen directamente en sus polos magnéticos. En este alzado, el borde exterior de la Tierra es el único gran círculo, compuesto de dos meridianos primordiales, que pasa por los cuatro polos. El ángulo de intersección entre dos meridianos cualquiera muestra la declinación. En el ecuador (geográfico) la declinación aumenta en ambas direcciones, desde cero en la longitud de los meridianos primordiales, hasta un máximo en el centro del diagrama. Esta geometría esférica constituía la base de la mayoría de los esquemas de longitud magnética de la época.

esto era menos probable. Pero si uno lo hacía, se ahorraba el proyecto de Stevin y Gilbert de registrar meticulosamente la declinación en todo el mundo. Lo único necesario era sencillamente geometría esférica. Desde su estudio de Languedoc, De Nautonnier ahorró incluso esa tarea a los usuarios. El grueso de su obra consistía en millares de cálculos recopilados en tablas, que según De Nautonnier permitía a los usuarios determinar su posición exacta a partir de la aguja magnética.

No bastaba sólo con la declinación, ya que muchos lugares compartían el mismo valor. El «mecometriciano» completo precisaba otros dos datos. Necesitaba saber en qué sector de la Tierra se encontraba, como es lógico, y algo menos trivial: debía conocer su latitud. La declaración en *De Magnete* de una relación regular entre inclinación y latitud, que De Nautonnier adaptó agradecido para un dipolo inclinado, significaba que el magnetismo parecía ofrecer realmente un método completo de localización posicional en cualquier circunstancia. El señor de Castelfranc esperaba que los enviados reales acudieran en tropel a su castillo.

Nunca lo hicieron, pero el asombroso desafío de De Nautonnier a Gilbert no carecía de fundamento. Parecía refutado desde su origen por el peso de los nuevos logros del holandés Stevin y del inglés Gilbert. Stevin había ofrecido una demostración meticulosamente empírica de que los datos de declinación eran irreductiblemente irregulares y Gilbert había agregado una demostración teórica, de que la irregularidad era consecuencia de la geología irregular magnética de la Tierra. De Nautonnier tenía sus respuestas.

En defensa de la declinación regular

El compromiso de De Nautonnier con la esfericidad de la Tierra le indujo a alegar que existía un error garrafal en la teoría de Gilbert de la declinación. Gilbert pretendía guisárselo y comérselo. Para explicar la declinación, había convertido la Tierra en un cuerpo desbaratado por cadenas montañosas continentales, profundidades marinas y corrupción subterránea. Pero cuando argumentó que la Tierra era como cualquier otro planeta rotatorio, descartó esas «imperfecciones» como menores e insignificantes. De Nautonnier se aferró a la contradicción.

> *Si alguien afirma que la falta de redondez de la Tierra es la causa de la declinación magnética, digo que... eso es absolutamente cierto y estoy de acuerdo en que la Tierra es redonda.* [Los océanos, las montañas y las cuevas] *no son casi nada comparados con el resto de la Tierra, como lo manifiesta William Gilbert en el último capítulo del primer libro* [de *De Magnete*].

Quizá, pero no en el cuarto libro. Puede que los lectores de *De Magnete* consideraran probada la teoría de Gilbert por los experimentos utilizando una terrella con desperfectos. De Nautonnier no intentó duplicarlos. Era un matemático tradicional, no un filósofo experimental. Alguien lo hizo en 1629, Niccolo Cabeo, un inteligente jesuita italiano al que encontraremos de nuevo defendiendo a Aristóteles y a Tomás de Aquino de los ataques de Gilbert.

Los jesuitas del siglo XVI eran modernos aristotélicos, además de buenos experimentadores. Gilbert no había facilitado las dimensiones de su terrella con el modelo del océano Atlántico, de modo que Cabeo asumió generosamente una profundidad oceánica de veinte millas. Esto todavía supone tan sólo un 0,25 por ciento del diámetro de la Tierra. En una terrella de 100 milímetros de diámetro, ¡el modelo de un océano tiene sólo 0,25 milímetros de profundidad! Incluso cuando Cabeo mejoró el diseño de Gilbert, rellenando con cera dicha depresión, comprobó victoriosamente que su terrella no exhibía ninguna declinación detectable. Evidentemente Cabeo no tuvo en cuenta la condición de Gilbert, de que las cicatrices superficiales de la Tierra ocultan daños subterráneos de mayores dimensiones.

No obstante, de Nautonnier tenía fundamentos para creer que Gilbert no había demostrado su hipótesis de declinación irregular y, como lo revelan sus inmensas labores, estaba convencido de que los datos le apoyaban. Reconocía que muchos datos de declinación no convergían en sus polos, pero al igual que Stevin, Wright y muchos otros expertos, hacía hincapié en la poca fiabilidad de innumerables observaciones de la aguja del compás llevadas a cabo por «personas que no saben cómo utilizarla para orientarse». Dijo haber rechazado todas las observaciones, salvo «las de los mejores pilotos que han vivido en el mundo en la era anterior», a quienes otorgaba un 99,9 por ciento de fiabilidad. Debemos reconocer que no facilitó unos buenos criterios para su selección y evidentemente se guiaba por su convicción de la regularidad magnética. Sin embargo, estableció que la funcionalidad de su esquema longitudinal dependía de su adecuación empírica y apeló como de costumbre a que se hicieran más observaciones.

La teoría de De Nautonnier era mucho más susceptible de ser refutada que la de Gilbert. En principio, lo único necesario eran dos observaciones fiables que no convergieran en sus polos. Por el contrario, el modelo de Stevin y Gilbert era virtualmente irrefutable, porque predecía pautas de declinación impredecibles. No ofrecía casi ningún criterio para la identificación de valores falsos o sospechosos y podía incorporar casi cualquier resultado para confirmación posterior.

Según la teoría geomagnética moderna, tanto Nautonnier como Gilbert estaban igualmente equivocados; o igualmente acertados. Se ha confirmado la convicción de Nautonnier de que la Tierra tiene polos magnéticos y geográficos independientes. Además, el campo geomagnético es más regular de lo que Stevin y Gilbert reconocían. Algunos de sus datos «fiables» debían de ser realmente falsos. Los modelos informáticos geodinámicos, que pueden ajustarse para imitar el campo magnético en 1600 según la física moderna, rechazan los datos falsos. Por otra parte, esos mismos modelos incorporan la intuición de Gilbert de que la compleja estructura interna de la Tierra es un factor significativo.

Lo que Gilbert ni De Nautonnier previeron fue el descubrimiento en Londres, en 1634, de que la declinación magnética ¡cambia con el tiempo! De modo que como sabemos ahora, ni los teóricos de la regularidad, ni los de la irregularidad, pudieron haber probado su caso sin tener la seguridad de que las observaciones utilizadas eran fiables y se habían obtenido en un mismo período breve de tiempo. La naturaleza precisa del magnetismo terrestre estaba todavía en el aire. Así como los valores longitudinales.

Reacciones francesas e inglesas a De Nautonnier

Si los ingleses necesitaban una razón para cerrar filas y proteger la reputación de su compatriota, como fundador de la verdadera filosofía y navegación magnética, De Nautonnier, siempre más acreditado en Francia que en Inglaterra, se la facilitó. Un cartógrafo real utilizó sus coordenadas magnéticas. Pero incluso en Francia, las reacciones fueron diversas. Cuando concluyó el reinado de Enrique IV con su asesinato en 1610, De Nautonnier fue objeto de un asesinato científico a manos del matemático de la corte Jacques Alleaume y del «catedrático de matemáticas divinas» Didier Dounot de Barleduc. La obra de Dounot *Confutation de l'invention des longitudes (Refutación del invento de las longitudes)* siguió la ruta geométrica evidente de mostrar que muchas observaciones no convergían en un punto o polo y logró descubrir errores de cálculo. Dounot declaró a De Nautonnier culpable de impudencia, ignorancia y argucia.

A pesar del trabajo de demolición de Dounot, el edificio de De Nautonnier permanecía todavía en pie en 1625, cuando Marin Mersenne publicó *La Vérité des Sciences (La verdad de las ciencias).* Mersenne era el corresponsal y confidente de todos los científicos europeos. Presentó el enfoque de De Nautonnier como ejemplo de su visión del progreso científico, basado en una meticulosa síntesis de las matemáticas y la observación. Pero concluida la década de 1630, el increíble descubrimiento inglés de la variación secular empezó a ser reconocido, incluso en Francia. El plan de De Nautonnier se desvaneció.

En Inglaterra, al rival de Gilbert nunca se le había concedido importancia. Las longitudes y latitudes magnéticas de De Nautonnier horrorizaron a los expertos londinenses en navegación y magnetismo.

Su experiencia en la declinación, unida al apoyo de Gilbert y Wright al enfoque empírico de Stevin, les indujo a preocuparse por la investigación desencaminada y, aún más, por los marinos desencaminados. Además, De Nautonnier atacaba a Gilbert, su compatriota. Su pesadilla cobró vida cuando un inglés publicó un esquema sospechosamente parecido de longitudes magnéticas.

El reverendo Anthony Linton, un clérigo anónimo del condado de Sussex, escribió su obra *Newes of the Complement of the Art of Navigation* en 1608. Linton sólo reveló las novedades, sin precisar la posición de los polos ni del paso de China, cuya existencia alegaba haber deducido. Linton servía a Dios y al dinero. Según decía: «Sólo puedo ofreceros, a todos y cada uno de vosotros, a mí mismo y mis servicios, después de reunirnos y en condiciones razonables».

Linton osó criticar a Wright por carecer de «un buen fundamento en el que basar sus obras, es decir, el conocimiento de los polos magnéticos mencionados en adelante». Sabía que Gilbert, «un gran erudito y sus seguidores, niegan categóricamente la existencia de cualquier polo magnético fijo y sin embargo hay dos». El virus francés había infectado el país de Gilbert y sus sucesores jacobeos organizaron una campaña para detener el avance de De Nautonnier y de Linton. Durante la campaña se elevó a Gilbert a la categoría de héroe científico nacional y se convirtió su filosofía magnética en un legado que debía protegerse, promocionarse y defender a toda costa.

En la corte del príncipe filósofo

La coronación de Gilbert como rey de Inglaterra de la filosofía natural, tuvo lugar poco después de la coronación de Jacobo I como sucesor de Isabel. Los intelectuales se beneficiaron de la imagen del propio Jacobo, como rey filósofo munificente. No fue «el más sensato de los necios de la cristiandad». Presidió debates teológicos, patrocinó a intelectuales como Isaac Casaubon, apoyó al excéntrico filósofo de la magia oculta (y entusiasta de Gilbert) Robert Fludd, concedió empleo a médicos paracelsianos contra la voluntad del Colegio de Médicos y tentó en vano al protestante copernicano Johann Kepler para que abandonara la Sacra Corte Imperial Romana.

Fue en la corte satélite del príncipe Enrique, hijo de Jacobo, donde se desarrollaron las teorías de Gilbert y se rechazaron las de De Nautonnier. Los colaboradores más íntimos de Gilbert en filosofía magnética obtuvieron cargos en la corte de Enrique. Edward Wright dejó de batallar para sobrevivir como profesor de navegación y supervisor de corrientes marinas, para convertirse en tutor y conservador de la biblioteca. William Barlow se convirtió en capellán del príncipe. El hermanastro de Gilbert, que se declaró a sí mismo «el cliente más adicto» del príncipe, se subió al carro y le dedicó *De Mundo.* Wright y Barlow aprovecharon la oportunidad para promocionar sus versiones de la filosofía magnética, aunque incluso en el nuevo régimen, su valor principal era como expertos en navegación.

La corte de Enrique recordaba la magnificencia de Enrique VIII en su patrocinio del conocimiento, el arte, la arquitectura y las ciencias. Sus protectores quisieron convertirle en un príncipe protestante sofisticado, erudito y resuelto a conducir a Inglaterra al escenario imperial del planeta. Reunieron colecciones de arte, una biblioteca con millares de volúmenes y alentaron la afición de los jóvenes a los barcos, así como al arte y la práctica de la navegación. Apoyaron programas para ampliar el poderío naval inglés, colonizar América y encontrar el escurridizo paso del noroeste o el nordeste a las riquezas de Oriente.

La flota inglesa se utilizó en un proyecto de investigación gilbertiano. Sus exploradores recibieron instrucción en la teoría de la declinación de Gilbert, que pronosticaba la existencia de un paso a oriente. Sin embargo, en su fracasada exploración de 1610 apoyada por la corte del príncipe, Henry Hudson cambió del nordeste al noroeste. Murió abandonado por amotinados en la gran bahía canadiense nombrada en su honor. Otra expedición encabezada por William Baffin (famoso por el nombre de la bahía) siguió investigando. Baffin estaba desconcertado porque «la declinación de la brújula es de 56° oeste, que puede poner en duda la regla del doctor Gilbert, de que cuanta más tierra hay, mayor es la atracción de la brújula por declinación hacia la misma». Sin embargo, los navegantes ingleses al cabo de Buena Esperanza la confirmaron.

Linton y Nautonnier amenazaron con perturbar el consenso. Podemos imaginar las ansiosas conferencias de los expertos de Enrique en filosofía magnética, los promotores en la corte de las expediciones y los principales navegantes que acudían al palacio de Saint James en torno a 1609. Uno tras otro, los especialistas ingleses en magnetismo apoyaron decididamente a Gilbert.

Barlow refutó a De Nautonnier en un manuscrito de 1609, pero el primero en hacerlo en forma impresa fue Edward Wright en 1610 con una nueva edición de su *Certaine Errors*, dedicada ahora a Enrique. Un nuevo error se propagaba por parte de quienes «opinaban que había dos polos magnéticos, con cuyo conocimiento... imaginaban poder hallar la longitud». La refutación de Wright fue previsiblemente empírica. Publicó una tabla de observaciones que no convergían. Las discrepancias le daban la razón. Dio valores al entorno de Santa Helena que oscilaban entre 3° y 7° oeste. Advirtió que «si alguien creyera que la gran diferencia entre esas observaciones realizadas en el mismo lugar por diversos observadores, contradice de algún modo la intención de este argumento, estaría muy equivocado».

La nueva edición de Wright realzó la novedad de la inclinación, triunfo detectado por «nuestro compatriota Robert Norman y luego ampliado a fondo su descubrimiento por el doctor Gilbert y por «su alteza capellán reverendo señor William Barlowe». Brindaba «la probable esperanza de encontrar en efecto tanto la latitud, como la declinación respecto a la longitud».

Una vez más, la flota inglesa participó en la investigación inspirada por *De Magnete*. Wright declaró que el método magnético para las latitudes había sido «aprobado y confirmado por la observación y la experiencia de varios de nuestros mejores navegantes marinos». Salvo por el informe de unos jesuitas que navegaron hasta China cincuenta años más tarde, ésta es la única prueba de ensayos marinos.

Los expertos en magnetismo no dejaban de insistir en su valor, especialmente cuando estaba nublado. En Inglaterra los inclinómetros fueron diseñados por Barlow y, evidentemente, Wright.

Se imprimieron abundantes tablas prácticas derivadas del nomograma de Wright. El propio Gilbert autorizó una de ellas en 1602. Pero en una búsqueda en los cuadernos de bitácora de los navegantes no se ha encontrado prueba alguna de observaciones propiamente dichas. A pesar del entusiasmo inglés, el método no era realmente provechoso. El ángulo de inclinación variaba con demasiada lentitud respecto a la latitud para que permitiera discriminar, especialmente dada la dificultad de tomar medidas precisas en alta mar. Si bien Gilbert creía que la inclinación, aunque no la declinación, se veía mínimamente afectada por las irregularidades geológicas, el geomagnetismo moderno ha encontrado muchas variables. Los marinos hacían bien en esperar a que se despejara el cielo.

En 1612, Enrique, entonces príncipe de Gales, murió con tan sólo dieciocho años. Tanto éxito habían tenido los cortesanos en realzar su imagen, que Gran Bretaña se unió en el luto por un heredero tan prometedor, afligidos ante la perspectiva de que se convirtiera en rey su hermano menor, Carlos. El prestigio de la filosofía magnética de Gilbert en la corte de Enrique proporcionó el motivo de un sermón conmemorativo, publicado en 1613 con el título de *Príncipe Enrique, su primer aniversario.* El teólogo Daniel Price recordaba como:

> *Apareció una luz trémula de la época dorada, todas las líneas de expectación convergían en su centro, todos los espíritus virtuosos, dispersos entre otros se extrajeron en él... Su virtud magnética atrajo todas las miradas, y los corazones, del mundo protestante.*

Bacon y Gilbert

Un cortesano a quien probablemente estremecieron estas palabras fue Francis Bacon, lord Verulam, vizconde de Saint Albans y lord canciller del rey Jacobo I. A Bacon, político consumado, abogado y fiel partidario del objetivo de Jacobo de incrementar el poder monárquico, se le conoce principalmente hoy en día como reformador del método científico. Su primera ponencia importante, *The Advancement of Learning*, apareció dos años después de la muerte de Gilbert, en 1605.

En este libro se han mencionado muchas similitudes entre Gilbert y Bacon. Ambos eran radicales convencidos de que la filosofía natural precisaba un nuevo comienzo; ambos consideraban la filosofía natural aristotélica como un gran enemigo y los dos facilitaron explicaciones históricas de la forma en que se había institucionalizado. Compartían una ideología posrenacentista del progreso, la centralización experimental en su visión del futuro científico y una preferencia por el conocimiento natural práctico de los artesanos, por encima de las abstracciones sin sentido de los filósofos. Algunos han descrito incluso a Gilbert como «uno de los primeros en reivindicar el método baconiano», ¡lo que equivale ciertamente a forzar la cronología!

Está claro que Bacon no lo creía. A pesar de que le brindó algún halago ocasional entre dientes y de que usó un par de datos magnéticos extraídos de los trabajos de Gilbert, la opinión dominante de Bacon era que Gilbert había metido la pata. Era positivo que Gilbert se hubiera dedicado a la experimentación pero, debido precisamente a que carecía del método de Bacon, se había condenado a cometer los mismos errores que Aristóteles, Paracelso y todos los demás constructores de sistemas, tanto antiguos como modernos. En palabras de Bacon:

> *La estirpe de los químicos* [es decir, paracelsianos] *también en base a unos pocos experimentos ha construido una filosofía fantástica, enmarcada con referencia a pocas cosas; y asimismo Gilbert, después de*

Ilustración 14: **Retrato de Francis Bacon (1561-1626)**

Francis Bacon, vizconde de Saint Albans, tenía un punto de vista muy parecido al de Gilbert sobre la necesidad de una nueva ciencia experimental, aunque criticara a Gilbert por convertir el magnetismo en filosofía. Aquí le vemos al final de su vida, ya desposeído de su cargo político, cuando componía uno de los seis volúmenes de su Instauratio Magna (La gran instauración), *su programa para la reforma científica. Bacon fue un gran escritor sobre la ciencia, pero no un practicante como Gilbert (cf. Ilustración 1).*

aplicarse laboriosamente al estudio y a la observación de la piedra imán, procedió inmediatamente a la construcción de un sistema completo en concordancia con su tema predilecto.

Esto podría significar que si bien Bacon era un maestro del método, no era muy buen juez de la ciencia. Cabe mencionar que Bacon también rechazó el copernicanismo, la teoría de Harvey de la circulación de la sangre y la utilidad general de las matemáticas, aunque en todas estas apreciaciones estuvo muy bien acompañado.

¿O acaso estaba en lo cierto? Bacon probablemente sabía tanto como cualquiera sobre la filosofía de Gilbert, salvo Wright, Ridley y Barlow. Fue uno de los pocos en citar y recurrir a *De Mundo,* así como a *De Magnete*. Cuando Bacon dijo que Gilbert había elaborado toda una filosofía basada en la piedra imán, estaba en lo cierto. A Gilbert se le fue la mano, pero Bacon no impidió que muchos científicos del siglo XVII le siguieran la corriente. Hasta 1650 la cuestión no era «¿es correcta la filosofía magnética?», sino «¿qué clase de filosofía magnética es correcta?». La lucha por la herencia de Gilbert generó virulentas polémicas territoriales entre intelectuales, empezando por Londres, y con dos de sus colegas más próximos.

Capítulo 16

HUMORES NO RECONCILIADOS: LA GUERRA MAGNÉTICA EN LA INGLATERRA JACOBEA

El centro real de investigación magnética ahora estaba muerto. Sus expertos se vieron obligados por la necesidad a buscar las escasas oportunidades que ofrecía la comunidad comercial londinense. Wright debió de temer su regreso a la cartografía, debido a su precaria remuneración: «El señor Wright, bibliotecario, excelente matemático y navegador, y muy pobre: 30 libras». En 1615 también había fallecido. Barlow conservó un cargo en la iglesia, pero ya no gozaba del prestigio de ser un experto real en magnetismo. Había que ganarse entre la élite londinense la responsabilidad de ser el guardián oficial inglés de Gilbert. Barlow estaba furioso cuando en 1613 apareció un libro titulado *A Short Treatise of Magneticall Bodies and Motions (Breve tratado de cuerpos y movimientos magnéticos).*

Mark Ridley, copernicano magnético

El autor era el doctor Mark Ridley. Ridley era Gilbert reencarnado, con catorce años menos que él. Su carrera médica había emulado a la de

Gilbert desde Cambridge, hasta un alto cargo en el Colegio de Médicos. Conocía también a grandes navegantes, después de pasar unos años en Rusia como médico de los comerciantes ingleses residentes e incluso del propio zar. Después de su regreso a Londres en 1598, se convirtió en amigo y protegido de Gilbert en el campo de la filosofía magnética.

Si Gilbert y Wright combinaron intereses prácticos y filosóficos al finalizar *De Magnete*, Ridley y Barlow demostraron lo fácil que era separarlos. Al contrario de Barlow, a Ridley no le interesaba particularmente la navegación magnética. Al igual que su mentor, lo que le atraía eran las implicaciones radicales, cosmológicas y antiaristotélicas de los experimentos magnéticos. Ridley y Barlow se enfrentaron en una desagradable guerra de panfletos que les hizo famosos. Cuando el dramaturgo de la corte Ben Jonson utilizó el magnetismo de Gilbert como concepto metafórico en su obra *The Magnetic Lady, or Humours Reconciled (La dama magnética, o humores reconciliados)*, mencionó sus nombres.

Magneticall Bodies aclaró desde el primer momento sus ambiciones filosóficas naturales. Ridley definió así un «cuerpo magnético»: «el que reposa en el éter o en el aire, donde permanece y se coloca en cierto lugar o situación natural inalterable». No sonaba muy emocionante, hasta que Ridley ofrecía algunos ejemplos: todas las estrellas, los planetas y los satélites de Júpiter y de Saturno.

La asombrosa referencia de Ridley a los satélites muestra lo mucho que había progresado la cosmología, en diez años desde la muerte de Gilbert. Galileo había dirigido un telescopio a Júpiter en 1609 y publicado su descubrimiento de cuatro satélites en 1610, junto a la prueba telescópica de que Venus giraba alrededor del Sol. En 1612 anunció que Saturno tenía dos compañeros (que hoy conocemos como los anillos de Saturno). Ridley citó también la confirmación de Johann Kepler del descubrimiento de Galileo de las manchas solares, así como la deducción de Kepler de que el Sol y otros astros giraban sobre sí mismos. *Magneticall Bodies* fue el primer libro inglés que apoyó a esos dos famosos copernicanos. El radicalismo de Ridley era indudable.

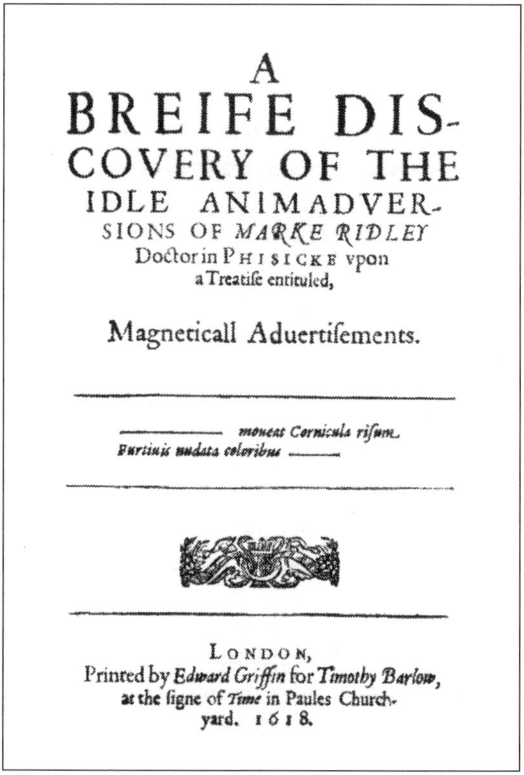
A
BREIFE DIS-
COVERY OF THE
IDLE ANIMADVER-
SIONS OF *MARKE RIDLEY*
Doctor in PHISICKE vpon
a Treatise entituled,

Magneticall Aduertisements.

——— *moueat Cornicula risum.*
Furtiuis nudata coloribus ———

LONDON,
Printed by *Edward Griffin* for *Timothy Barlow*,
at the signe of *Time* in Paules Church-
yard. 1618.

Ilustración 15: PORTADA DE *BREIFE DISCOVERY* (LONDRES 1618) DE WILLIAM BARLOW

Barlow y Mark Ridley se enzarzaron en una disputa para ocupar el puesto de Gilbert como primer filósofo magnético de Inglaterra. Este amargo panfleto fue el último de una serie de intercambios provocados por la acusación de plagio por parte de Barlow. Barlow menciona su propia obra, Magneticall Advertisements *(1616), ¡pero logra no hacer publicidad de la de su rival! Barlow pretendía que la filosofía magnética evitara el copernicanismo irreligioso y se concentrara en sólidas aplicaciones a la navegación. Ridley amplió la forma magnética terrestre de Gilbert a todos los planetas.*

La descripción de Ridley de un cosmos completamente magnético era su innovadora contribución a la filosofía magnética. «Es la virtud polar y magnética la que mantiene todos los globos en su posición sea la que sea». Ridley también dedujo que, puesto que un versorium completaba dos revoluciones al girar una vez en torno a una terrella, el eje terrestre comprendía no uno sino dos pares de polos. Y, evidentemente, agredió a De Nautonnier y Linton con un agudo ingenio que habría complacido a su mentor. Por lo demás, *Magneticall Bodies and Motions* era *De Magnete* en inglés. Ridley declaró, refiriéndose a Gilbert, que «sus trabajos son los más destacados y los mejores en filosofía magnética». Había establecido su derecho a suceder a su «amigo y colega» como custodio inglés de la filosofía magnética.

William Barlow

Barlow no se sentía feliz. En doce meses había perdido a su patrocinador y la prioridad editorial. Fastidiaba al clérigo conservador que su vencedor fuera un filósofo radical, que promulgaba abiertamente una Tierra rotatoria, los telescopios y los planetas magnéticos inclinados. Pero lo que más le enojaba era su convicción de que Ridley había plagiado su manuscrito de 1609.

Barlow incorporó su manuscrito en un libro titulado *Magneticall Advertisements (Anuncios magnéticos)* publicado en 1616. Los lectores a los que se dirigía Barlow eran semejantes a los de Ridley, los «muchos en nuestra nación, tanto caballeros como otros de excelente inteligencia», que a pesar de no saber leer en latín encontrarán, en las palabras de su subtítulo, diversas observaciones pertinentes y experimentos acreditados respecto a la naturaleza y las propiedades de la piedra imán... muy agradables para el conocimiento y de suma utilidad en la práctica, para viajar o elaborar instrumentos para viajeros tanto por mar como por tierra.

Barlow luchó para establecer sus credenciales y su originalidad como filósofo magnético. Sin nombrar a Ridley, se refirió a sus «proposiciones publicadas en el extranjero con el nombre de otro autor y que sin embargo no habían sido debidamente comprendidas por el usurpador». Pero ¿cómo podía eludir la sombra de Gilbert, especialmente cuando Ridley se había presentado como su heredero? Barlow presentó sus debidos respetos a Gilbert. Reconoció que no había creído en su teoría de la Tierra magnética hasta después de reproducir sus experimentos y hablar con navegantes. Pero al mismo tiempo insistió en que había investigado el magnetismo desde 1576 y que Gilbert había apreciado sus contribuciones. Para demostrarlo, incluyó una carta de Gilbert dirigida a él en 1602, conservando así nuestro único ejemplo de la correspondencia de Gilbert. Gilbert escribió que «me ha mostrado más y aportado más luz que cualquier otro», pero se mostró condescendiente ofreciéndose a «recomendarle a mi Lord de Effingham» y aceptando publicar algunos experimentos a fin de que «se le conozca por su aportación a ese arte».

Barlow necesitaba diferenciar su filosofía magnética de la versión supergilbertiana de Ridley. Resultó no ser difícil, ya que siempre había aborrecido el copernicanismo de Gilbert, así como sus virulentos ataques contra Aristóteles y los conocimientos antiguos. *Magneticall Advertisements* apoyaba los libros del primero al quinto de *De Magnete*, pero no el cuarto, que el amor de Barlow a la verdad le obligó a rechazar. Esto indujo a Ridley a exponer la flaqueza de Gilbert en el campo de las matemáticas.

Magneticall Advertisements es tan diferente de la obra de Ridley *Magneticall Bodies and Motions*, que es difícil dar crédito a la acusación de plagio por parte de Barlow, aunque Ridley hubiera visto su manuscrito en 1613. En realidad ambos plagiaron a Gilbert, aunque con distintos criterios. El libro de Barlow elude la cosmología, salvo para negar que la Tierra se mueva. Pisoteó el principio más preciado de Gilbert, al maravillarse de que Dios hubiera otorgado la propiedad del magnetismo tan útil para la navegación «a un ser vil, despreciable y muerto, como parecía ser (la Tierra)».

Puesto que Barlow rechazó la cosmología, no se preocupó por los imanes esféricos. Gilbert había acertado al denominar terrella a un imán esférico porque era «un modelo sumamente pequeño», pero Barlow se centró en experimentos con otras formas más prácticas. Consideró que era preferible la piedra imán ovalada, porque sus polos más potentes y evidentes eran magnetizadores más fiables de las agujas de las brújulas. Su prestación exclusiva era la «piedra imán de doble corona», fabricada por su capataz en Winchester y mencionada en la carta de Gilbert. *Magneticall Advertisements* generó discusiones prácticas sobre la elaboración de brújulas, el diseño de instrumentos y la navegación magnética.

Irritado por la acusación de plagio, Ridley se apresuró a publicar su *Magneticall Animadversions. Made by Dr Mark Ridley, Doctor in Physicke. Upon certain Magneticall Advertisements, lately published, From Maister William Barlow (Animadversiones magnéticas. Hechas por el doctor Mark Ridley, doctor en física. Sobre ciertos Anuncios magnéticos publicados últimamente por el maestro William Barlow).* Al estilo de las guerras de panfletos, su título apelaba al ingenio: juego de palabras entre «animadversiones» (es decir, reflexiones críticas) y «advertisements» (anuncios), al tiempo que aludía a su disputa sobre si la Tierra estaba animada por el magnetismo. Ridley negó haberse apropiado de idea alguna. El clérigo de la región oeste no sabía más que los obreros londinenses; Barlow no tenía ideas que robar.

«No hay casi ninguna proposición en este libro que la mayoría de los mejores y más comprensivos navegantes, fabricantes de instrumentos, fabricantes de brújulas, relojeros y cuchilleros en Londres y sus alrededores no conocieran, hubieran practicado y elaborado con mucha anterioridad». Sus denominados inventos se encontraban «en su mayoría en el Libro del doctor Gilbert, como he dicho anteriormente, o eran cosas tan comunes que cualquier obrero ingenioso había o podía haber inventado o fabricado.

Barlow respondió con *A Breife Discovery of the idle animadversions of Marke Ridley Doctor in Phisicke (Breve descubrimiento de las vanas animadversiones de Marke Ridley, doctor en física)*, que en el momento de escribir estas líneas ¡es la única obra de filosofía magnética, aparte de

De Magnete, disponible en Amazon.com! Esta vez era personal. Intentó desacreditar a Ridley, sugiriendo que se había comprometido moralmente para «convertirse en tan breve tiempo en el principal médico del emperador (ruso)». Interpretando con doble sentido las observaciones dirigidas a Ridley, o «vistas» con un moderno telescopio, insinuaba que el joven Ridley había seducido al zar «pues su atractivo... es su recurso».

El copernicanismo magnético atacado

Barlow también lanzó el primer asalto contra el copernicanismo de parte de un teólogo anglicano. Inglaterra no era un país católico como Italia y el copernicanismo no se consideraba una herejía. No obstante, los cosmólogos radicales en países supuestamente tolerantes también podían verse sometidos a intensas presiones para ajustarse a la tradición. En *Nova Physiologia* Gilbert advertía que «los teólogos clamarán que soy un loco y un imbécil». La respuesta de Ridley a Barlow, que había sido capellán del príncipe de Gales, ayuda a comprender las actitudes inglesas.

Puesto que Ridley le había retado a que refutara el cuarto libro, Barlow le cantó las cuarenta, empezando por un ataque personal:

> *Entre todas las cuestiones, de algún modo la más extraordinaria, es la de que* [Ridley] *de espíritu tan altanero, ose lanzar al mundo afirmaciones tan prodigiosas de su teoría magnética, en y sobre la Luna, y su mísero abuso de las sagradas escrituras para apoyar sus ficciones lunáticas en nombre de la filosofía magnética.*

Barlow replanteó tres conocidas reglas conservadoras de la teología, la filosofía natural y las matemáticas respectivamente. En primer lugar, las declaraciones bíblicas sobre la inmovilidad de la Tierra eran literalmente ciertas; segundo, la ciencia se basaba en la experiencia sensorial y nuestros sentidos confirmaban que la Tierra permanecía inmóvil; y por último, astrónomos como Copérnico sólo suponían «el movimiento de la tierra, como hipótesis, al servicio de sus cálculos realizados». Barlow concluía que ninguna persona educada creería en los malos argumentos de Ridley. «Puede que los acepten en los talleres mecánicos, pero son ampliamente insuficientes para ser reconocidos por hombres eruditos y cristianos de profesión.»

Ridley, por consiguiente, no era un caballero cristiano y Barlow le instó a examinar «su propia conciencia (si es que la tenía)» y admitir el plagio. Además, Ridley era irracional y estaba loco; era literalmente un «lunático». Su pérdida de razón explicaba sus ataques contra Aristóteles.

Barlow no era un intelectual carente de crítica. Al igual que Gilbert y Ridley, creía que el conocimiento experimental tenía el poder de acabar con las discusiones de los «administrativos». Pero prefería ciertamente la filosofía aristotélica a la de Gilbert y Ridley. Olvidando que Aristóteles había negado la creación y la inmortalidad del alma, dijo que era su «estilo (el de Ridley) llegar a conclusiones contrarias a las afirmaciones de las Escrituras y por consiguiente no se le debía culpar por despreciar tanto a Aristóteles, que nunca había enseñado semejante lógica».

El caso de Barlow y Ridley confirma que las teorías sobre el movimiento de la Tierra podían discutirse libremente en Inglaterra. Es cierto que la vasta mayoría de las élites educadas, especialmente catedráticos y clérigos, las consideraban teológicamente ofensivas, científicamente rebatibles, e incluso propensas a la locura. En una sociedad gobernada por el mecenazgo, el copernicanismo suponía una mala elección para cualquiera, salvo los más protegidos o indiferentes, pero se podía debatir. Sin embargo, conducir la polémica a la ortodoxia como lo había hecho Ridley, era intolerable. La consecuencia no era la cárcel ni la censura, sino el asesinato de la reputación. Otros, como el matemático y astrónomo Thomas Harriot, optaron por no manifestar sus opiniones.

Perdido en la retórica de ruido y furor, Barlow elaboró un incisivo argumento contra la filosofía magnética de Gilbert. Ridley había definido un cuerpo magnético, pero ¿qué era un movimiento magnético? Barlow se aferró a la mutualidad subyacente en el concepto de Gilbert del coito magnético. «Es la inclinación natural de dos imanes o cuerpos magnéticos que pueden moverse libremente.» Pero dos son un par. Barlow insistía en que un solo imán estaba «completamente desprovisto de todo movimiento intrínseco o propio». De ello se desprendía que el magnetismo terrestre no podía ser la causa de su propia rotación. Puesto que Ridley había descrito todos los cuerpos celestes rotatorios como cuerpos magnéticos, Barlow concluyó que Ridley debía ser ignorado como contribuidor serio a la filosofía magnética. Precisaba «confinar sus magnetismos a la Tierra».

La objeción de Barlow dio en el corazón de la filosofía de Gilbert: el principio central de analogía entre la Tierra y la terrella. La observación de la terrella y todos sus fenómenos había tenido lugar necesariamente dentro del campo magnético de la propia Tierra. El comportamiento de una sola terrella sólo se podría observar, como alguien comentó lacónicamente en 1663, si se sacaba al espacio exterior. ¿Giraría diariamente o permanecería inmóvil? ¿Se diseñaría algún día un experimento decisivo? Éstas serían las preocupaciones de filósofos magnéticos posteriores.

Barlow consideraba que toda la cosmología magnética era una especulación desencaminada. Podríamos caer en la tentación de pensar que el aburrido Barlow y no el revolucionario Ridley era el guardián más creíble del legado de Gilbert. Había separado los hechos de las especulaciones. Pero la ciencia no funciona así. Gilbert había convencido a algunas de las mentes más privilegiadas del siglo XVII de que el magnetismo debía tener un significado cósmico. Conforme el debate copernicano se ponía al rojo vivo con el juicio de Galileo en 1633, se disputaba aún más el legado de Gilbert. Tanto copernicanos como anticopernicanos exprimieron tenazmente al máximo su analogía terrella/Tierra. La cautelosa voz de Barlow no volvió a oírse en treinta años.

Capítulo 17

KEPLER, GALILEO Y LA TIERRA MAGNÉTICA EN MOVIMIENTO

El copernicanismo magnético fue un tema candente durante más de cincuenta años. Dos filósofos naturales jugaron un gran papel en el cierre de la cosmología magnética de Gilbert. Uno de ellos muy famoso. En su *Principia Philosophiae (Principios de filosofía)* de 1644, René Descartes demostró que era posible explicar el magnetismo en términos sólo materiales. Propuso que los imanes, incluida la Tierra, emitían partículas enroscadas. Los filetes seguían una dirección para el polo norte y la opuesta para el polo sur. La atracción, o unión, tenía lugar cuando las roscas penetraban en los surcos que poseían todos los ferromagnetos. La forma inmaterial de Gilbert me parece personalmente más plausible y la ciencia moderna ha abandonado (una vez más) la idea de que los imanes emitan algo material. No obstante, las explicaciones mecanísticas como la de Descartes eliminaron la incomodidad que muchos filósofos naturales sentían, con las alusiones de Gilbert al alma.

El otro es prácticamente desconocido. Se llamaba Jacques Grandami, era francés y ejercía la enseñanza en el antiguo colegio de Descartes. El libro de Grandami apareció un año después del de Descartes. Uno de sus atractivos era un esquema de longitud magnética, pero el título aclaraba su propósito: *Nova Demostratio Immobilitatis Terrea (Una nueva demostración de la inmovilidad de la Tierra, extraída de principios magnéticos).* Estaba convencido de que resolvería la cuestión que desde hacía tiempo ocupaba a los lectores de *De Mugnete*: ¿Había demostrado Gilbert que el magnetismo movía la Tierra?

Grandami era uno de los valores en alza en la Compañía de Jesús, la orden extremadamente intelectual que había facilitado la humillación de Galileo en el juicio de 1633. Provocados por Galileo, los cardenales católicos habían condenado formalmente las teorías del movimiento de la Tierra como herejía en 1616. Al igual que todos los jesuitas, Grandami se había formado para defender este y otros artículos de la fe antirreformista. Con el crecimiento de las tensiones a raíz del juicio de Galileo, los filósofos como Grandami decidieron que debían enfrentarse y destruir los argumentos magnéticos de apoyo al copernicanismo. El ataque de los jesuitas contra Gilbert era la culminación de un período extraordinario de cincuenta años, durante el cual no sólo la Tierra sino todo el universo se había convertido en magnético. Grandami y sus hermanos no ganaron la guerra, pero lograron un punto muerto histórico.

No fue hasta la aparición de la obra de Isaac Newton *Principia* en 1687, cuando surgió una explicación física factible del movimiento de la Tierra en el espacio alrededor del sol. Pero los filósofos y los astrónomos no esperaron a Newton. Aunque Gilbert y Wright habían sido los precursores en 1600, en 1687 el copernicanismo se había convertido casi en ortodoxia. El acierto de Newton consistió en sintetizar los logros de Copérnico, Kepler y Galileo en una teoría universal de la mecánica. Su concepto clave era el de la gravitación universal. Pero los sucesores inmediatos de Gilbert intentaban promocionar el concepto del magnetismo universal.

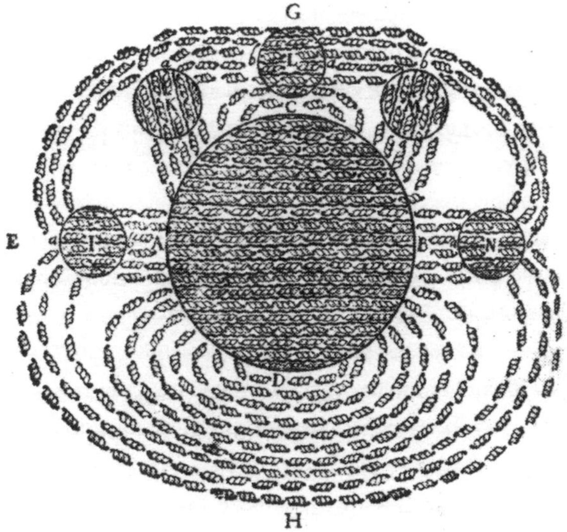

Ilustración 16: EXPLICACIÓN MECANICISTA DEL MAGNETISMO OFRECIDA POR DESCARTES

Este diagrama apareció en su obra de 1644, Principios de filosofía. *La causa básica del magnetismo era única: partículas enroscadas, en lugar de forma o alma. Rosca a la izquierda y rosca a la derecha denotaban la bipolaridad. La atracción se producía cuando las partículas en rotación penetraban en los surcos que definían el cuerpo magnético. Puesto que las partículas circulaban y penetraban de nuevo en el imán, no había emisión neta ni pérdida de peso perceptible. Nótese que el modelo de imán mecánico de Descartes seguía siendo la terrella de Gilbert. Explicó el geomagnetismo utilizando los mismos principios.*

Incluso antes de la muerte de Gilbert, los lectores acogieron *De Magnete* como la obra que proporcionaba la física ausente en el copernicanismo. Edward Wright, evidentemente, había brindado su apoyo en su «discurso». El siguiente aval llegó de París en 1601. El libro titulado *Philosophia Epicurea,* mezcla ecléctica y arcana de atomismo, animismo y magnetismo, fue publicado por Nicholas Hill, cortesano inglés en el exilio que no tardó en quitarse la vida. Hill y Ridley eran los dos únicos gilbertianos, ya que la corriente filosófica se volvía ya contra la idea de las almas planetarias. Pero esto dejaba mucho en *De Magnete* para alentar a los copernicanos. En 1602 Kepler y Galileo eran conversos.

También lo era Simon Stevin en Holanda. Sin duda eran sus aplicaciones a la navegación lo que le convirtió en uno de los primeros lectores de Gilbert, pero Stevin era también uno de los primeros copernicanos. En el momento en que Gilbert avaló su esquema longitudinal, Stevin declaró su apoyo a la filosofía magnética. Como la mayoría de los copernicanos a excepción de Gilbert, Stevin combinó con entusiasmo sus intereses matemáticos con los de la filosofía natural. Su libro *De Hemelloop (Los movimientos celestes)* contenía la primera declaración completa del copernicanismo magnético cuando apareció en 1608. Stevin compartía gran parte del conservadurismo de Copérnico. Al contrario de Gilbert, no quiso abandonar las sólidas esferas celestiales, lo cual le permitía negar que la Tierra se moviera por magnetismo. Sin embargo aceptó la explicación magnética de Gilbert de la orientación fija del eje de la Tierra. En realidad se anticipó a Ridley con la explicación magnética de la orientación fija de todos los planetas. Resistiéndose al alma magnética de Gilbert, situó la fuente primordial de todo magnetismo en la esfera de las estrellas fijas.

Elipses magnéticas de Johann Kepler

Nadie podía haber acusado a Kepler de conservadurismo, ya que trabajaba simultáneamente en su cosmología magnética. Según afirmó posteriormente Kepler, la filosofía de Gilbert fue uno de los tres pilares de la

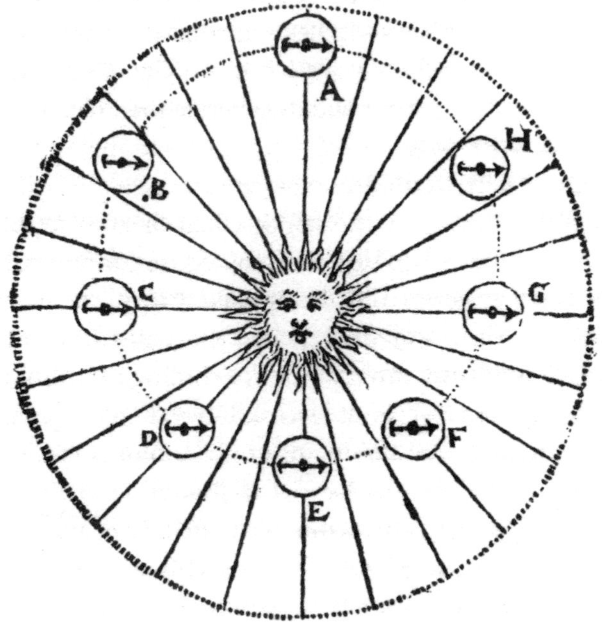

Ilustración 17: Intento de Kepler de explicar las órbitas elípticas en términos del magnetismo planetario

El Sol central tenía un solo polo. Los planetas tenían ejes magnéticos inclinados pero estables, como el de la Tierra. La punta de la aguja indica el polo planetario atraído por el Sol y la cola el polo repelido. En los puntos A y E los polos son equidistantes del Sol y no hay atracción ni repulsión neta. A partir de A, en B, C y D, el polo atraído está más cerca del Sol. El planeta experimentaba por consiguiente una fuerza de atracción neta. Se acercaba al Sol (y también se aceleraba), hasta alcanzar su máximo acercamiento (afelio) en E. A partir de E, en F, G y H experimentaba una fuerza neta de repulsión. El planeta se alejaba (y desaceleraba), hasta alcanzar el perihelio en A. El diagrama también muestra como Kepler consideraba sus elipses como desviaciones magnéticas de las órbitas circulares tradicionales.

revolución astronómica (los otros dos fueron la astronomía de Copérnico y las observaciones de Tycho). El ingenio de Kepler situó a Gilbert en el centro del campo de batalla cosmológico.

Kepler ya había expuesto su audaz forma de copernicanismo en su obra *Cosmographical Mystery (Misterio cosmográfico)* en 1597. El cosmos que describió era un auténtico misterio neoplatónico. Otorgó al Sol y a los planetas almas inteligentes. Pero no tardó en «negar que los movimientos celestes fueran obra de la mente» y exploró una explicación más mecánica. Sin inmutarse ante la teoría de Gilbert de formas animadas, en torno a 1601 escribió que «el inglés Gilbert parece haber demostrado lo que faltaba en mis argumentos». En enero de 1603 creía poder «demostrar todos los movimientos de los planetas con esos mismos principios».

En 1605 había producido su revolucionaria astronomía física, que reemplazaba las órbitas circulares por órbitas elípticas y sustituía las fuerzas magnéticas por esferas sólidas. Inevitablemente, cuando se publicó su obra en 1609, fue ignorada incluso por Galileo. Lo intentó de nuevo en 1618 con un libro de texto. Una vez más, la reacción fue mínima. Lo que por fin despertó el interés por Kepler y la astronomía magnética fueron sus monumentales *Tabulae Rudolphinae (Tablas rodolfinas)* en 1627. Las tablas computaban las posiciones reales de los planetas según su teoría y eran de una precisión sin precedentes. Los usuarios de las tablas buscaron en la teoría de Kepler la explicación de su excelencia. En la opinión de Kepler, ello se debía a que había logrado «transferir toda la astronomía de círculos ficticios a causas naturales». La astronomía moderna se basó en la filosofía magnética de Gilbert.

Al contrario de Gilbert, Kepler combinó su nuevo interés de la astronomía por la física, con la antigua obsesión astronómica por la precisión. Era un hombre a quien un error de ocho meros minutos de arco en la posición predicha de Marte le impulsaron a varios meses de cálculos, con órbitas de extrañas formas antes de decidirse por la elipse. No aceptó, por consiguiente, las afirmaciones no experimentadas de Stevin o Ridley de que todos los planetas eran como la Tierra de Gilbert. Si el magnetismo era la fuerza celeste, entonces debía generar elipses exactas, sin mencionar sutilezas como su ángulo de inclinación respecto a la eclíptica.

Kepler se centró en la mayor alegación del cuarto libro de *De Magnete*, según la cual el magnetismo mantenía la dirección absoluta del eje de la Tierra y la aplicó a todos los planetas. Al igual que Gilbert, Kepler también trató el Sol como único «astro en movimiento primario en el cosmos». Así pues, sólo él conservaba su alma en su nueva cosmología. Kepler singularizó también el Sol otorgándole una sola clase de polaridad. La superficie entera del Sol formaba una extraña clase de «polo» sur y del astro emanaba virtud magnética que formaba un conjunto de radios o rayos inmateriales.

A partir de ahí, su sistema funcionaba mecánicamente. Unos cinco años antes de conocer las observaciones de Galileo del movimiento de las manchas solares, había elaborado la hipótesis de que el Sol giraba sobre sí mismo, arrastrando sus radios a su alrededor. Puesto que Kepler no había convertido los planetas en cuerpos inertes, precisaba el movimiento de los radios para empujar a los planetas en sus órbitas casi circulares. La fuerza del empuje decrecía en proporción inversa a la distancia del Sol (no el cuadrado inverso de Newton) y esto explicaba con bastante precisión su ley de la distancia.

Ahora Kepler podía generar sus elipses. Consideremos la Tierra, con su eje fijado magnéticamente en un ángulo de 66,5° respecto a su plano orbital. Durante el verano boreal, la Tierra está en su «perihelio»: máxima distancia del Sol. Al mismo tiempo, el polo norte terrestre se inclina hacia el Sol. Kepler llegó a la conclusión que el monopolo sur del Sol atraía el polo norte terrestre, un poco más de lo que repelía el polo sur. El principio de Gilbert del eje magnéticamente estabilizado impedía que el polo norte señalara directamente al Sol.

La Tierra experimentaba por tanto dos fuerzas de atracción netas muy pequeñas, que producían dos efectos diminutos. La Tierra se acercaba al Sol y empezaba a acelerarse. Cuando la Tierra avanzaba en su órbita anual hacia el equinoccio de otoño, los polos norte y sur estaban equidistantes del Sol. La fuerza neta de tracción de Kepler decrecía hasta cero. La Tierra alcanzaba su máximo acercamiento al Sol (apoapsis) y adquiría su máxima velocidad. Al avanzar hacia el solsticio de invierno, el polo sur terrestre se acercaba más al Sol que el polo norte. Según Kepler, esto producía una ligera repulsión solar, que seguía durante la segunda mitad de la órbita, empujaba la Tierra alejándola del Sol y reducía su velocidad.

La ingeniosa, aunque incorrecta, dinámica magnética de Kepler le brindó lo que necesitaba. La órbita de la Tierra formaba un círculo distorsionado, según una fórmula de coseno ¡no muy distinta de nuestra ecuación (poskepleriana) de una elipse! La Tierra aceleraba y desaceleraba con una aproximación satisfactoria a su ley espacial. En cuanto a los demás planetas, todavía no observados con telescopios que revelaran polo alguno, Kepler podía atribuir sus propios valores a los ángulos de inclinación de sus ejes, así como a la fuerza de sus atracciones y repulsiones polares, hasta ajustar las órbitas a sus cifras.

Para explicar magnéticamente otros fenómenos astronómicos, Kepler inventó otro par de polos. Un par explicaba la diferencia del ángulo de inclinación respecto a la eclíptica del plano orbital de cada planeta. El resultado era un empuje magnético neto superior a la eclíptica durante media órbita y un empuje inferior durante la otra media. Después de todo esto, los planetas magnéticos de Kepler tenían una estructura mucho más compleja que la Tierra de Gilbert. Sus rivales le acusaron de especulación fútil. Kepler, auténtico astrónomo físico, creía que las rigurosas exigencias de la astronomía matemática «aclara nuestro camino a la sustancia interior de los globos». Si el copernicanismo magnético de Gilbert no se apoyaba estrictamente en pruebas, el de Kepler era pura especulación. Pero el éxito de las tablas que elaboró para el emperador Rodolfo obligó a los científicos, incluidos los católicos devotos, a tomarlo en serio.

Kepler no podía publicar sus obras en los países católicos más intransigentes, que persistían en aplicar el decreto de 1616 en virtud del cual la Tierra permanecía inmóvil. Tuvo la desgracia de publicar su libro de texto en un momento en el que aumentaban las tensiones entre católicos y protestantes, que se acabarían convirtiendo en la Guerra de los Treinta Años. En varias ocasiones tuvo que mudarse dentro del mosaico de estados centroeuropeos para evitar el acoso. Pero sólo su muerte en 1630 pudo salvarle de la creciente campaña dirigida contra él, Gilbert y Stevin.

El magnetismo y el juicio de Galileo

En 1630, el teólogo conservador y profesor en Lovaina Libert Froidmont, considerando que la condena de 1616 debía defenderse, lanzó un ataque contra Kepler y Gilbert. Argumentaba que las virtudes de la piedra imán no eran lo bastante duraderas ni universales para considerarlas como una fuerza celestial. Al año siguiente le tocó el turno a Jean Baptiste Morin, físico parisién, teólogo, adversario de Descartes y autor de un sistema de longitudes. Intentó mejorar la anticuada defensa de Froidmont. Si Gilbert y Kepler estuvieran en lo cierto, argüía, el magnetismo terrestre sería tan extraordinariamente fuerte que no se podría levantar la piedra imán. Pero argumentos como éste no impedirían el avance de la filosofía magnética de Gilbert.

Tampoco influyeron en la opinión de Galileo, de que sus adversarios anticopernicanos eran unos «pigmeos intelectuales». La fama de Galileo, junto a sus poderosos protectores y sus protestas de sinceridad, mantuvieron a sus rivales a raya hasta 1632. Aquel año, logró que la censura romana aprobara su *Dialogo sopra i due massimi sistemi del mondo (Diálogo sobre los dos sistemas principales del mundo)*. Este libro rompió el espíritu de su promesa al papa Urbano VIII de que trataría equitativamente las cosmologías geoestática y heliocéntrica. Facilitó a sus enemigos, especialmente a los jesuitas, la oportunidad de llevarle a juicio por «sospecha vehemente de herejía».

Los inquisidores presentaron cuatro pruebas de culpabilidad. Una era que «cita con beneplácito la opinión de William Gilbert, hereje perverso y puntilloso». Poseía *De Magnete*, que probablemente merecía su aprobación, desde su época veneciana en 1602. Eso fue cuando Sagredo, amigo de Galileo inmortalizado como personaje en *Diálogo,* escribió a Gilbert sobre la «maravillosa afición por su libro entre diversos eruditos venecianos».

Galileo utilizó dos argumentos copernicanos de Gilbert en el *Diálogo* y ninguno de Kepler. Reprodujo la demostración de Gilbert de que un imán genera movimientos circulares y la utilizó, como pretendía Gilbert, para convencer al «cabeza de turco» aristotélico en los diálogos de que la verdadera Tierra elemental era magnética. También utilizó la explicación magnética de Gilbert de la estabilidad axial de la Tierra. Puede que sea paradójico que el concepto de Galileo de la inercia, un concepto de inercia circular (no rectilínea) elaborado específicamente para permitir los movimientos copernicanos, convirtieran las razones de Gilbert en lógicamente redundantes. He ahí el atractivo de la filosofía de Gilbert. No es sorprendente que se hayan encontrado muchos ejemplares de *De Magnete* con las secciones copernicanas arrancadas o mutiladas, en consonancia con las leyes de la censura romana. El juicio de Galileo tuvo otra consecuencia, impulsó a los jesuitas a elaborar una filosofía magnética verdaderamente brillante.

Capítulo 18

ENTRAN LOS JESUITAS: FIN DE LA COSMOLOGÍA MAGNÉTICA

Los jesuitas fueron los encargados de enfrentarse a la filosofía natural que amenazaba la síntesis lograda por santo Tomás de Aquino del aristotelismo y el cristianismo. Gilbert y los jesuitas eran pues enemigos naturales. Su estrategia más eficaz no fue una oposición a ciegas, sino una astuta incorporación. Se habían propuesto la tarea aparentemente imposible de ajustar la filosofía magnética al aristotelismo.

Los imanes aristotélicos de Niccolo Cabeo

El gran adelanto se debe al italiano Niccolo Cabeo, un filósofo por cuya trayectoria profesional e inteligencia recibió el sobrenombre de «el Galileo jesuita». Publicó su *Philosophia Magnetica* en 1629. Las pruebas de Gilbert habían convencido a Cabeo de la validez de la Tierra magnética aunque evidentemente, no podía aceptar que la Tierra se moviera. Cuando faltaban todavía cuatro años para el juicio de Galileo, parecía considerar el copernicanismo como una molestia menor. Los defensores de esta nueva doctrina, como Gilbert, estaban «tan claramente errados que no merece la pena dedicarles mucha atención». Sin embargo, tomó como una provocación la alegre conclusión de Gilbert de que la teoría aristotélica de la materia estaba fundamentalmente equivocada. Todo lo contrario, proclamó, lo que Gilbert había descubierto en realidad era una nueva cualidad aristotélica primordial, que los filósofos habían pasado por alto durante dos mil años.

Así como la Tabla periódica de Mendeleev había conducido a los químicos al descubrimiento de nuevos elementos para llenar los huecos, Cabeo aseguraba que el magnetismo encajaba a la perfección en los huecos de la clasificación aristotélica de las cualidades. Aquí es donde nuestra revisión de las distinciones aristotélicas en el tercer capítulo cobra importancia. Recordarán sin duda que las seis cualidades aristotélicas primordiales podían subdividirse en parejas alterativas (calor y humedad), locomotrices (gravedad y levedad) y pasivas (frío y sequedad).

Cabeo señaló que esa lógica precisaba una cuarta categoría para cualidades que, además de mover las sustancias, las alteran. No se había identificado ningún ejemplo, pero ¿no era eso lo que hacía el magnetismo? Cuando un hierro no imantado se acercaba a la piedra imán, éste se alteraba (de no magnético a magnético) y luego se movía por la atracción. En realidad, santo Tomás había dicho algo muy parecido.

Cabeo se concentró entonces en las locomociones que el magnetismo producía por naturaleza. Los aristotélicos habían clasificado los movimientos respecto a puntos privilegiados en el universo. Había movimientos hacia el centro, los que se alejaban del mismo y los que giraban a su alrededor. Cabeo señaló que había otros dos lugares privilegiados en el universo: los polos celestes unidos por un eje celestial gigantesco, que cortaba la Tierra. Los aristotélicos no habían pensado anteriormente como fundamental el movimiento hacia los polos, pero según dijo Cabeo, deberían haberlo hecho. El análisis de Gilbert del movimiento magnético demostraba lo fundamental que era.

Cabeo reflexionó una vez más sobre las clases aristotélicas de locomoción. Había movimientos circulares y rectilíneos. Los rectilíneos eran de dos clases. Los movimientos de la Tierra y del fuego eran completos, los del agua y el aire incompletos. A estas alturas, es probable que el lector se haya anticipado a Cabeo. Lógicamente había una cuarta categoría fundamental: los movimientos circulares incompletos. Gilbert había descubierto también su existencia.

Cabeo había demostrado que el magnetismo era una nueva cualidad aristotélica primordial. Su reconstrucción de la filosofía magnética de Gilbert para sus propios propósitos, era tan convincente a su manera como la de Kepler. En menos de treinta años, dos cosas que Gilbert consideraba imposibles habían sucedido. Las matemáticas y la filosofía natural se habían unido, para convertir la virtud magnética en el fundamento de una nueva astronomía física. Y por otra parte, los aristotélicos habían defendido su propia teoría de la materia y se habían apoderado del magnetismo para las fuerzas de reacción.

La historia de la ciencia ofrece pocos ejemplos mejores de que los experimentos por sí solos no demuestran nada, a pesar de nuestra valoración de Gilbert como primer autor científico cuyos experimentos constituían su mejor prueba. En *Magnetic Philosophy,* Cabeo aceptó y reprodujo casi todos los experimentos de Gilbert, e incluyó su propia versión «mejorada» de la terrella deformada. Gilbert se había percatado de que el magnetismo era cósmicamente crucial y no una típica cualidad oculta. Simples prejuicios le habían impedido darse cuenta de que en realidad era una nueva cualidad aristotélica primordial, presente en la forma de tierra elemental junto al frío, la sequedad y la gravedad.

La «demostración» fortuita de Cabeo convirtió la filosofía magnética en una ciencia aristotélica. Y si el magnetismo era una cualidad aristotélica, entonces no movía la Tierra, sino todo lo contrario. Las cualidades aristotélicas sólo mueven las cosas para conducirlas al reposo en su lugar natural. Cuando la cualidad magnética hace girar un cuerpo terráqueo hasta alinearlo con los polos, lo lleva al reposo.

Los fervientes imanes de Athanasius Kircher

Tras el juicio de Galileo, los colegas jesuitas de Cabeo aprovecharon las consecuencias anticopernicanas de una Tierra magnética aristotélica. El más ferviente fue Athanasius Kircher, que publicó más páginas sobre la filosofía magnética que cualquier otro en la historia. Obligado como Kepler a abandonar Alemania, en su caso por las fuerzas protestantes, el extraordinario erudito fue ascendido al Colegio Romano de la Compañía de Jesús en 1634 y adoptó inmediatamente una línea dura contra los copernicanos.

El magnetismo era un tema ideal para Kircher. Al igual que su equivalente inglés, Robert Fludd, su visión del mundo mezclaba la filosofía natural antigua y la moderna. Creía que el universo estaba repleto de virtudes ocultas y tendencias mágicas, de las que el magnetismo era el mejor ejemplo. Gilbert creía haber rescatado el magnetismo del ocultismo. *De Magnete* permitió sencillamente a Kircher y Fludd escribir más extensamente sobre la base magnética de la magia y, es preciso reconocerlo, con menos éxito que Cabeo o Kepler.

El enorme libro de Kircher *Magnes (El imán)* era una mezcla enciclopédica de experimentos magnéticos contemporáneos y antigua sabiduría. Dedicó un volumen completo a la cosmología magnética, en el que atacaba a los «herejes» Gilbert, Stevin y Kepler, en el que planteaba la pregunta: «¿Existe realmente la fuerza magnética en la Tierra, el Sol y las demás estrellas móviles y fijas, y ejercen efectivamente entre sí la debida atracción magnética?». La respuesta correcta era urgente.

> *Y, puesto que era mi obligación, quise investigar esta insignificante opinión debido a mi celo por la honra de Dios, la Santísima Virgen y la Iglesia (especialmente porque sé que nadie ha desmentido públicamente estos movimientos magnéticos de los cuerpos celestes). Esta* [opinión] *no es sólo destructiva para la República Cristiana, sino también peligrosa para la fe.*

Ilustración 18: PORTADA DE *MAGNES SIVE DE ARTE MAGNETICA* (ROMA, 1641) DE ATHANASIUS KIRCHER

La voluminosa y espléndida obra de Kircher La piedra imán, o el arte magnético *fue una entre varias obras de filosofía magnética financiadas por su orden, la Compañía de Jesús. El católico Kircher escribió más sobre magnetismo que cualquier otro autor e intentó refutar el copernicanismo magnético. Las imágenes ejemplarizan el tratamiento enciclopédico, ecléctico y ocultista del magnetismo y muchos otros temas por parte de Kircher.*

Gilbert se equivocó concluyendo que la Tierra se movía por magnetismo. «Más le habría valido defender lo contrario, pues no hay nada más cierto en la filosofía magnética que confirme con mayor verdad y certeza la estabilidad de la Tierra.» Kircher no hacía más que resaltar las implicaciones de la obra de Cabeo. La cualidad magnética de la Tierra la conducía al estado de reposo. Como tal, se resistía activamente a una rotación continua.

En cuanto a las especulaciones de Kepler, Kircher las puso a prueba experimentalmente. Hizo construir un modelo del sistema solar para su famoso museo. Los planetas eran bolas de cristal que contenían imanes, que recorrían surcos circulares. «En el centro se coloca una piedra imán de la más exquisita potencia, que representa el imán solar de Kepler.» Kircher demostraba así su «refutación ocular» a sus muchos visitantes, señalando alegremente que si bien sus planetas de cristal giraban alrededor de su «sol», no giraban sobre sus propios ejes ni obedecían la ley de la distancia de Kepler. No habría sido útil señalar que los imanes celestiales de Kepler no eran de magnetita normal.

Los asombrosos imanes de Jacques Grandami

El jesuita Jacques Grandami siguió la misma tradición. Era la personificación del jesuita progresista y liberal. Lejos de Roma, en el colegio francés de La Flèche al que asistía Descartes, el propio profesor jesuita de Grandami había enseñado la mecánica inerte de Galileo. El debate había avanzado. Los jesuitas necesitaban lo que Grandami anunciaba en su título: *Una nueva demostración de la inmovilidad de la Tierra.*

El problema con la antigua demostración era que dependía todavía de la gravedad. La Tierra no podía moverse de su posición, porque se precisaría un agente de una potencia antinatural para desplazar la masa entera de la Tierra de su lugar de reposo en el centro del universo. Esto descartaba un pleno copernicanismo, pero ¿cómo explicar la rotación diaria en la que se centraba *De Magnete*? Si la Tierra se limitaba a girar

Ilustración 19: **PORTADA DE *NOVA DEMONSTRATIO IMMOBILITATIS TERRAE* (LA FLÈCHE, 1645) DE JACQUES GRANDAMI**

En el centro un querubín realiza el experimento crucial de Grandami: en flotación, una terrella en posición vertical siempre se detiene en la misma alineación este-oeste y sugiere que el magnetismo en realidad impide el movimiento de rotación de la Tierra. Sus contemporáneos se tomaron muy en serio el experimento. El versículo bíblico en la parte superior, Eclesiastés 1:4, dice: «Terra in aeternum stat» (La Tierra permanece eternamente). El jesuita Grandami creía que su experimento magnético demostraba que los teólogos católicos recientes estaban en lo cierto al interpretar literalmente dicho versículo. Nótense también las referencias al verdadero meridiano magnético universal y a la localización de longitudes. Otro querubín sostiene la supuesta brújula de Grandami para determinar las longitudes.

sobre su eje, ninguna de sus partes se alejaba ni se acercaba respecto al centro y la gravedad no podía ejercer ningún efecto estabilizador. El filósofo jesuita Biancarni había elaborado un contraargumento. Pero si Galileo estaba en lo cierto respecto a la inercia, la defensa de Biancarni carecía de validez.

En la *Nueva demostración,* Grandami reconoció alegremente que, efectivamente, Galileo tenía razón.

> *La gravedad sólo impide el desplazamiento ascendente, descendente o lateral rectilíneo. No impide en modo alguno el movimiento circular en torno a un centro en el mismo lugar. Esto se comprende claramente considerando todos los cuerpos pesados, que se mueven con gran facilidad alrededor de su centro o sus polos cuando están suspendidos en el aire, flotan en el agua o incluso cuando descansan sobre una superficie plana... De modo que si la Tierra no tuviera otra cualidad más que la gravedad, entonces, aunque permanecería siempre en el centro del mundo elemental, podría moverse fácilmente alrededor de dicho centro.*

Grandami podía hacer esta despreocupada concesión porque, gracias a Gilbert, Cabeo y sus propios veinte años de trabajo, podía atribuir a la Tierra gravedad y magnetismo.

Los «nuevos filósofos» de mitad del siglo XVII habían tendido a ignorar las teorías de Cabeo y Kircher. Eran lo que se esperaba de los jesuitas. (Cabe agregar que esas ideas descabelladas sobre partículas magnéticas enroscadas eran lo que se esperaba de los filósofos mecanicistas.) Pero no se podía ignorar la obra de Grandami. En su *Nueva demostración* extrajo un despampanante as experimental de la baraja de Gilbert.

Tómese una terrella y póngase a flote en un flotador de madera, como lo describió Gilbert. Pero asegurémonos de que el eje de la terrella esté en posición absolutamente vertical. Marquemos el ecuador de la terrella, con 180 grados de longitud este y oeste. Ahora hagamos girar el bote. La terrella gira sobre su eje, igual que la Tierra de Gilbert. Es evidente que no gira indefinidamente y se detiene. Anótese cuidadosamente la posición del ecuador cuando para. Hágase girar de nuevo, anótese la orientación y repítase la maniobra.

Grandami había comprobado que su terrella, colocada de ese modo, ¡siempre se detenía con la misma orientación este-oeste! Había «descubierto» que el magnetismo no sólo controlaba la alineación norte-sur, ¡sino también este-oeste! ¿Su conclusión? A pesar de que las teorías modernas de la gravedad mostraban que no podía impedir la rotación diaria, «es indudable que la virtud magnética que Dios ha otorgado (a la Tierra) no sólo mantiene la inmovilidad y estabilidad de sus polos sino también la de sus demás partes y puntos».

Ésta fue su nueva demostración. Esgrimiéndola, el público se percataría de que el copernicanismo magnético...

> [...] *no sólo* [era] *falso, sino claramente contrario a las leyes magnéticas. Dispondrán de nuestra demostración, se aferrarán con mayor firmeza a sus opiniones y refutarán con mayor vigor las opiniones opuestas. Luego podrán alabar la sabiduría divina en la cualidad magnética de la tierra, que causa su estabilidad y destruye los demás efectos inútiles y ridículos del Sol y otros planetas.*

Grandami divulgó su extraordinario alegato experimental en un manuscrito, en 1641. Como de costumbre, Mersenne mandó copias a sus corresponsales. Asombrosamente se aceptó como un nuevo hecho magnético, reproducido en muchos eminentes tratados. Descartes lo incluyó en *Principios de filosofía* antes de que el propio Grandami lo publicara.

Más adelante, especialistas jesuitas del magnetismo como Zucchi, Schott y Léotaud evidentemente lo resaltaron. Los que intentaron duplicarlo declararon que, en términos generales, Grandami estaba en lo cierto. En la década de 1670, Leibniz insistió en que la Royal Society le facilitara sus resultados, pero eran inexistentes. Los especialistas modernos en magnetohidrodinámica no lo habían duplicado, pero creían que el experimento funcionaría.

¿Había sustituido Grandami la Tierra magnética copernicana de Gilbert por otra geoestática? La lógica que había convertido el magnetismo en un principio cósmico parecía exigirlo. Su demostración se ajustaba al principio central de analogía de Gilbert: la terrella es un modelo de la Tierra que reproduce los fenómenos de la magnetita gigante.

Por desgracia para Grandami, nadie ajeno al colegio La Flèche quiso aceptar la lógica de su demostración. Sus colegas jesuitas le consideraron excesivamente radical. Había hecho demasiadas concesiones a las incipientes teorías sobre la inercia de Galileo y Descartes. Además, había trasgredido los nuevos principios aristotélicos establecidos por Cabeo; todo movimiento magnético se dirigía a los polos y el de Grandami no lo hacía.

Los copernicanos no empezaron siquiera a preguntarse si Grandami había derrotado a Gilbert y Kepler. La respuesta más significativa e interesante surgió de la esquina neutral de Marin Mersenne. El escepticismo filosófico del fraile mínimo le había conducido desde hacía algún tiempo al relativismo. Era consciente de que Gilbert, Galileo, Kepler y Descartes habían desarrollado una física de la Tierra en movimiento, capaz potencialmente de contrarrestar los argumentos aristotélicos. Consideró que ambos bandos habían alcanzado un punto muerto y la cuestión copernicana era físicamente irresoluble. El monje liberal creía también que era teológicamente irresoluble y le desagradaba particularmente el dogmatismo de los jesuitas. Estaba harto, dijo, de obras como la de Grandami. Puede que la obra fuera pesada, pero ¿estaba equivocada? Mersenne tenía la seguridad de que lo estaba.

El fin de la pequeña Tierra

Mientras Mersenne intentaba encontrar algún defecto en el razonamiento de Grandami, redescubrió un error garrafal que derrumbaría el edificio completo de la cosmología magnética. Su objeción era prácticamente la misma que había hecho William Barlow contra el copernicanismo de Ridley. Ante la gilbertmanía de principios del siglo XVII, la bomba de Barlow no había estallado. Cuando los jesuitas penetraron en territorio gilbertiano, desmoronó ambos campos.

Mersenne razonó que había un fallo de origen en la analogía entre la terrella y la Tierra. La terrella se encontraba dentro de la esfera de influencia magnética de la Tierra. Al igual que todos los pequeños imanes, sus movimientos eran controlados, incluso superados en potencia, por otro mucho mayor, en este caso la Tierra. La Tierra era un imán libre o (si uno pretendía acomodar a Kepler y su idiosincrásico imán solar) controlado de otro modo. En sus propias notas sobre el manuscrito de Grandami, Mersenne escribió: «La razón que esgrime para la orientación de su piedra imán con la Tierra, es decir que sus partes son análogas a las de la Tierra de las que obtienen su potencia, no es adecuada».

Mersenne publicó su punto de vista en 1644, en un ataque preventivo contra Grandami y la Tierra magnética de los jesuitas. Fue su última declaración sobre la cuestión copernicana.

> *No deseo seguir los caminos mediante los cuales otros creen que la estabilidad de la Tierra se demuestra a partir de direcciones magnéticas, ya que exactamente lo mismo le ocurre al imán tanto si la Tierra permanece inmóvil como si se mueve. Hasta ahora, ninguna ley magnética, ni los proyectiles, ni la caída de objetos pesados, puede ni debe demostrar el doble o triple movimiento de la Tierra, su doble descanso o su inmovilidad.*

Cuando otros nuevos filósofos empezaron a lidiar con el experimento de Grandami, adoptaron posiciones parecidas. En 1663, el doctor de Halifax, miembro de la Royal Society y filósofo mecanicista Henry Power publicó ciertos *Experimentos magnéticos; con una refutación de Grandamicus.* Había compuesto un manuscrito completo, «Filosofía magnética», el primero escrito por un inglés desde Ridley y Barlow, pero la Royal Society se interesaba primordialmente por sus nuevos experimentos y por la acertada patada al jesuita. Al igual que muchos otros, Power aceptaba el experimento de Grandami, pero no su explicación.

> *Respondemos que la razón por la que la terrella se balancea y dirige ciertas partes de su ecuador a ciertos y determinados puntos del horizonte, se debe a que la dominan los flujos magnéticos de la Tierra, que como imán mucho mayor la reduce violentamente a esa situación* [en la que se formó]. *Por consiguiente, este gran argumento contra el movimiento rotatorio de la Tierra, no tiene la menor validez, a no ser que nos demostrara que la terrella es capaz de hacer ese truco,* [si] *se la separara de la esfera del magnetismo terrestre, cosa que su filosofía jamás podrá demostrar.*

Power creía haber salvado la cosmología magnética de sus compatriotas de la influencia jesuítica. En realidad, su solución señaló que los días de gloria de la filosofía magnética habían acabado, incluso en Inglaterra. De forma sorprendentemente inesperada, Grandami había finalizado el reino del magnetismo en el universo copernicano.

Capítulo 19

LA LONGITUD ENCONTRADA Y PERDIDA DE NUEVO

La cosmología magnética fue un episodio extraordinario en la historia del magnetismo. Convierte la decisión de Gilbert de excluir de *De Magnete* todo movimiento «al que no podamos asignar con certeza ninguna causa natural» en un modelo de cauteloso empirismo. El colapso no aportó en sí el fin de la filosofía magnética. Si los planetas magnéticos eran especulativos, la navegación magnética no lo era.

Ya en 1650, la navegación magnética tenía también problemas. Las latitudes magnéticas derivadas de la inclinación no habían resultado ser útiles y la «regla del doctor Gilbert» de la declinación no parecía fiable. Pero los grandes problemas empezaron con el descubrimiento de la variación secular en Londres, en 1634.

El programa londinense de investigación gilbertiana sobre la navegación magnética sobrevivió a la muerte del príncipe Enrique. Su nuevo centro era Gresham College, fundado en 1597 para fomentar los conocimientos prácticos, incluida la geometría y sus aplicaciones útiles.

Existían estrechos vínculos entre el profesorado de Gresham, conocedores de *De Magnete*, y el personal naval, así como los fabricantes de instrumentos. La filosofía de Gilbert proporcionaba bases teóricas para la creencia inglesa de que la declinación era irregular y debía ser observada, más que calculada como lo había hecho De Nautonnier. Las observaciones en los arsenales del este londinense eran muy precisas. Los funcionarios navales aportaron sus mejores agujas e imanes, mientras los profesores de Gresham contribuían con su precisión astronómica y matemática. William Borough había facilitado en 1581 el valor «estándar» de Londres de 11° 16' E, que *De Magnete* divulgó por todo el mundo.

Cuando en 1622 el grupo obtuvo un valor de casi 6° E no le dieron importancia, pero los resultados de 4° E en 1633 y 1634 causaron un poco de pánico. ¿Se trataba de un error el resultado de las variables ocultas que plagaban los datos de declinación? Después de varias pruebas, el profesor Henry Gellibrand decidió que no lo era. Su grupo había utilizado las mismas agujas, piedras, cuadrantes y métodos, en el mismo lugar que en 1622.

La «variación de la declinación»

Gellibrand anunció la «disminución» o «variación de la declinación» en su *Discurso matemático sobre la declinación de la aguja* de 1635. Ahora sabemos que fue la primera persona en más de cien años de esmeradas mediciones por parte de marinos e intelectuales, que observó cautelosamente la variación secular. Actualmente la consideramos como un cambio global a lo largo del tiempo, causado por cambios geodinámicos cíclicos. El dipolo inclinado de la Tierra se tambalea y los polos magnéticos se desplazan con él. Es casi el equivalente magnético de la precesión del eje de rotación de la Tierra.

Gellibrand se preguntó seriamente si había tenido lugar un desplazamiento del eje de la Tierra. La explicación le gustaba. Su *Discurso* muestra que era todavía gilbertiano. No creía que los polos magnéticos estuvieran separados de los geográficos, ni llegó a la conclusión de que tuvieran movimiento propio.

Previsiblemente, fue Mersenne quien divulgó el alegato de Gellibrand en el incrédulo continente europeo. Hasta que se acumularon las confirmaciones a principios de la década de 1640, muchos creyeron que el desconocido inglés se había engañado.

Cuando se confirmó, el descubrimiento de Gellibrand inauguró la última oleada de esquemas de longitud y latitud magnética. Si la declinación no era cronológicamente invariable, la teoría de Gilbert estaba equivocada. Ahora había otra explicación para las aparentes irregularidades.

Todas las mediciones de declinación anteriores, pocas de las cuales podían ser fechadas, carecían de fiabilidad. Puede que, después de todo, las agujas de las brújulas hubieran señalado siempre directamente los polos magnéticos. Los dipolos inclinados de De Nautonnier habían regresado, sólo que ahora se movían. La filosofía magnética de Gilbert estaba en declive, incluso en su patria.

Henry Bond y sus polos móviles

El primer esquema de longitud y latitud magnética, basado en un modelo de dipolo móvil inclinado, fue elaborado en 1637 por el profesor de navegación londinense Henry Bond. El modelo sólo era «mecometricalmente» útil si las agujas señalaban directamente a los polos y si la declinación era completamente regular, como De Nautonnier lo había supuesto en 1602. El esquema de Bond era básicamente el mismo que el de De Nautonnier, con un componente temporal. Ignoró las pruebas de irregularidad, al igual que ignoró el razonamiento todavía sólido de Gilbert, de que la Tierra magnética no era perfecta.

Aspirantes europeos iban y venían con esquemas parecidos. Bond siguió perfeccionándolo y promocionándolo a lo largo de su prolongada vida. Sorprendió a los miembros de la Royal Society londinense con su acertada predicción de la declinación, que después de siglos de desviación «nordeste» se desviaba ahora al noroeste. Con el apoyo de poderosos patrocinadores, presentó su solución al problema de la longitud ante un comité real especial en 1674. El tribunal dio muchos rodeos, pero no aprobó el proyecto. Bond optó por publicarlo. *La longitud encontrada* apareció en 1671, seguida de la cruel respuesta *La longitud no encontrada*. Bond murió pobre y amargado.

Pronto zozobraron los nuevos proyectos, como lo habían hecho los de los teóricos portugueses del meridiano primordial, el de De Nautonnier y los de sus muchos imitadores. Incluso con la inclusión de su componente temporal, la declinación no era suficientemente regular. En cierto sentido, Gilbert fue parcialmente reivindicado. La sabiduría divina podía haber implantado la virtud magnética en la Tierra, pero cuando se trataba de la navegación magnética, Dios no respondía.

La última batalla de Grandami

Esto nos lleva de nuevo a Grandami. El dios de los jesuitas era un dios regular y providencial, que había concedido a los marinos las herramientas magnéticas que necesitaban. Además de la terrella no rotatoria, la *Nueva demostración* tenía otro as en la manga: el sueño renacentista de los marinos de una brújula sin variaciones, cuya aguja señalaba el norte verdadero, e identificaba los auténticos meridianos magnéticos necesarios para la longitud.

Le condujeron a ello sus convicciones cosmológicas. La filosofía magnética jesuita, al igual que la de Gilbert, dependía de la identificación y la estabilidad de los polos magnéticos y geográficos de la Tierra. Por tanto no era partidario de una moda renovada de dipolos inclinados, ni de la probabilidad de una variación secular. Declaró que Gellibrand debía ser un incompetente. Su criterio era verosímil en 1641, cuando divulgó su manuscrito, pero no cuando lo publicó sin alteraciones en 1645. Y su aguja era un chiste. Su intervención en el arte práctico de la navegación consternó incluso a los jesuitas.

Con Bond, Grandami y otros creadores de esquemas, se cerró un capítulo de la historia del magnetismo terrestre. Gilbert había consolidado casi un siglo de confianza en el potencial revolucionario del magnetismo para la navegación, una confianza que no volvería a generalizarse. Inicialmente parecía que *De Magnete* había eliminado, o por lo menos explicado la naturaleza desordenada de los datos geomagnéticos. Gilbert inspiró una serie de desarrollos empíricos y teóricos, que condujeron por pasos a la comprensión, la esperanza respecto a la longitud, las anomalías fatales, las nuevas visiones y las esperanzas. Por último, ante la complejidad del geomagnetismo, los investigadores perdieron las esperanzas. Después de Bond, el enfoque de la historia se traslada de la latitud y el magnetismo de Gilbert, a la longitud de Dava Sobel y los relojes de Harrison.

Conclusión

¿ES EL FIN DEL MUNDO TAL COMO LO CONOCEMOS?

La obra de Henry Power de «filosofía magnética» fue el último tratado inglés sobre magnetismo durante varias décadas y el último en aliarse estrechamente con la tradición establecida por Gilbert con *De Magnete*. A pesar de su título, la obra de Power ilustraba muchas de las causas del fin de la filosofía magnética. En primer lugar, al igual que Barlow y Mersenne, había abandonado el principio central de la analogía de Gilbert. Desprovista de su función como modelo exacto de la Tierra, la terrella perdió su relevancia. Después de Grandami, nadie podía argumentar que los resultados experimentales con la terrella y el electroscopio iluminaran la verdadera naturaleza del geomagnetismo.

Igualmente destructivas fueron las referencias de Power a una teoría del magnetismo mecánica o de emanaciones. La teoría de Power provenía de Descartes y ya en 1663 la mayoría de los filósofos habían adoptado alguna versión de la misma. Poca gente se había sentido cómoda con la versión inmaterialista de Gilbert de la virtud magnética. La ingeniosa teoría de Descartes no había convencido a todos los filósofos mecanicistas, pero estaban seguros de que el magnetismo se producía mediante alguna emisión o «efluvio» de partículas submicroscópicas. Así fue como los filósofos mecanicistas de todas las tendencias, los seguidores de Descartes, Gassendi, Hobbes o el cauteloso Robert Boyle, explicaron una serie de fenómenos. El sonido lo transmitían partículas del aire, el clima dependía de vapores acuosos, los olores eran evaporaciones de sustancias aromáticas, la luz probablemente la causaba un corriente de partículas, el calor era producto del movimiento rápido de cualquier clase de partículas.

Y también lo era el magnetismo. Decir lo contrario equivalía a readmitir cualidades y simpatías ocultas en el reino de la ciencia. En el proceso de mecanización del magnetismo, filósofos como Descartes, Boyle y Henry Power le negaron en realidad que perteneciera a una categoría especial y que fuera una fuerza fundamental en el universo. La ciencia del magnetismo persistió, continuaron los experimentos al estilo de Gilbert y la Tierra siguió siendo magnética, pero la filosofía de la Tierra magnética de Gilbert había muerto. El magnetismo era importante y misterioso, pero no una propiedad fundamental de la naturaleza. En definitiva era sólo una corriente más de partículas que colisionaban y no era el motor terrestre, ni de otros movimientos celestes.

El auge de la filosofía mecánica explica que Henry Power y sus numerosos compañeros copernicanos pudieran tratar literalmente con abandono el principio central de Gilbert. Por la misma razón que preferían explicaciones materialistas del magnetismo, la mayoría de los filósofos preferían la descripción del sistema solar de Descartes, u otras descripciones mecánicas parecidas. La Tierra giraba por inercia y recibía empuje alrededor del Sol. Los filósofos copernicanos ya no precisaban depender de la filosofía magnética de Gilbert. Sin proponérselo, Grandami les había ayudado a comprenderlo.

La aguja ilusoria de Grandami jugó también un papel en la cuarta razón del declive. La erosión de la confianza en los esquemas de longitud y latitud magnética disminuyó el valor práctico de la filosofía magnética.

E incluso cuando decrecían, alentaron a los filósofos naturales a aceptar la realidad de los dipolos inclinados. La obra de Gilbert *De Magnete* tenía un interés mucho más escaso en 1670, que en las primeras décadas a partir de 1600. La filosofía magnética se retiró del centro del mundo científico. Privada de su potencial conmovedor de la Tierra, se transformó de «nueva filosofía» en una obra aburrida aunque meritoria «sobre el imán», celebrada por los científicos empíricos desde la época victoriana.

El final de la filosofía magnética no significó, por supuesto, el fin de la Tierra magnética ni de la ciencia del magnetismo. Volvemos al mundo moderno siguiendo los pasos de la introducción. Newton convirtió de nuevo el magnetismo en un principio no mecánico de la materia, aunque no tan importante como la gravedad. Los primeros newtonianos volvieron a poner ligeramente de moda el magnetismo y uno de ellos incluso se entretuvo con un esquema de longitud magnético. Se mejoraban continuamente las brújulas. Ya a finales del siglo XVIII, las teorías de los fluidos estaban tan en boga que el fluido magnético animal de Mesmer parecía verosímil. Y luego, en el siglo XIX, el magnetismo se unió de nuevo al hijo olvidado de Gilbert: la electricidad. El resto es también historia.

Lo paradójico es que ninguno de los factores que estimularon a Gilbert en la creación de la Tierra magnética y que mantuvieron su «filosofía magnética», tengan hoy en día la menor relevancia. Las referencias a almas magnéticas están relegadas a los recovecos más estrambóticos de internet. La Tierra se ha movido desde hace mucho por otros medios. Los navegantes modernos disponen de sistemas de posicionamiento global, que apuntan a los satélites y no a los polos magnéticos. El tópico de que el pasado es como un país extranjero es tan cierto en lo que respecta a la historia del magnetismo, como en cualquier otro campo. De camino a su Nuevo Mundo, William Gilbert y los navegantes magnéticos siguieron su propia dirección.

LECTURA COMPLEMENTARIA

EL PROPIO GILBERT

Espero que estén todos de acuerdo en que *De Magnete*, traducido dos veces al inglés, ofrece una lectura agradable. La mejor edición es *On the Magnet, Magnetick Bodies Also, and on the Great Magnet, the Earth,* traducida al inglés por Sylvanus P. Thompson (Londres 1900, reimpresa en 1958 en Nueva York). Editada originalmente para conmemorar el tercer centenario de *De Magnete*, conserva la composición latina original y útiles notas. Es un libro difícil de encontrar y caro, por consiguiente mis citas proceden de una edición más común, *De Magnete*, traducida por P. Fleury Mottelay (Nueva York, 1893, reimpresa en Nueva York en 1958). Dover Publications ha publicado una edición rústica, muy asequible. En ambas traducciones, los lectores deben prestar atención a términos aparentemente modernos como «fuerza». Los términos latinos de Gilbert (como *vis,* cuya mejor traducción es «potencia») no se corresponden fácilmente con los de la ciencia moderna.

«El otro libro» de Gilbert es *De Mundo nostro Sublunari Philosophia Nova* (Amsterdam, 1651, reimpreso en Amsterdam en 1965). Hay que saber leer latín y tener acceso a una excelente biblioteca. Mi colega Ian Stewart y yo estamos trabajando en la traducción.

Las fuentes de Gilbert se consiguen con facilidad. **En español** hay un par de ediciones de la obra de Nicolás Copérnico *De las revoluciones de las esferas celestes,* cuyo primer libro puede resultar entretenido para los no especialistas. La excelente traducción de Edward Rosen al inglés está disponible en internet: www.dartmouth.edu/~matc/readers/renaissance.astro/1.1.Revol.html

El libro sobre la piedra imán de *Natural Magick* de Giambattista della Porta también está disponible en la red: http://members.tscnet.com/pages/omard1/jportac7.html (se advierte que es una traducción inglesa de 1658 poco fidedigna).

LECTURA GENERAL

Quien mejor cubre el fondo científico de la revolución de Gilbert es David C. Lindberg en *The Beginnings of Western Science: The European Scientific Tradition in Philosophical, Religious, and Institutional Context, 600 B.C. to A.D. 1450* (Chicago, University of Chicago Press, 1992). El contexto intelectual del pensamiento de Gilbert en el siglo XVI recibe un buen tratamiento por parte de Brian Copenhaver y Charles Schmitt en *Renaissance Philosophy* (Oxford, Oxford University Press, 1991), tercer volumen de la serie *A History of Western Philosophy.* Los cambios en la filosofía natural a los que contribuyó Gilbert han recibido un tratamiento muy actualizado por parte de Peter Dear en *Revolutionising the Sciences: European Knowledge and its Ambitions 1500-1700* (Basingstoke, Palgrave, 2001).

Steven Chapin ofrece una descripción animada del siglo XVII en *The Scientific Revolution* (Chicago, Chicago University Press, 1996). Por otra parte, *The Scientific Revolution and the Origins of Modern Science de John*

Henry (Basingstoke, Macmillan, 1997) ofrece una excelente versión breve de la época. En la misma serie, John Henry también ha publicado *Moving Heaven and Earth: Copernicus and the Solar System* (Cambridge, Icon Books, 2001). La historia general de la navegación no ha recibido tanta atención en tiempos recientes. *The Havenfinding Art. A History of Navigation from Odysseus to Captain Cook,* de E.G.R. Taylor (Londres, Hollis and Carter, 1956) sigue siendo una buena introducción al tema.

Historia de las matemáticas y la navegación

Los aficionados a la navegación preferirán *The Art of Navigation in England in Elizabethan and Early Stuart Times* de David W. Waters (Londres, Hollis and Carter, 1958) a la obra de Taylor. Se acaba de publicar un compendio exhaustivo de la teoría y la práctica de la navegación específicamente magnética. Se trata de una obra en dos tomos titulada *North by Northwest. Seafaring, Science, and the Earth's Magnetic Field (1600-1800),* de A.R.T. Jonkers (Gottingen, Cuvillier Verlag, 2000). También contiene casi todo lo que hay que saber sobre la teoría y los modelos geomagnéticos actuales. *The Mathematicians' Apprenticeship: Science, Universities and Society in England, 1560-1640,* de Mordechai Feingold (Cambridge, Cambridge University Press, 1984), es una valiosa historia de las matemáticas en Inglaterra durante la época de Gilbert, que ofrece una visión más positiva del papel que jugaron las universidades de lo que creía Gilbert (y yo).

Libros sobre Gilbert

La primera obra moderna sobre Gilbert fue The *De Magnete of William Gilbert* (Amsterdam, Menno Hertzberger, 1959), de Duane H.D. Roller. Hay una muy buena explicación en inglés de *De Mundo* titulada *The De Mundo of William Gilbert* (Amsterdam, Menno Hertzberger, 1965), de sor Suzanne Kelly. *Latitud* es la primera obra centrada en Gilbert desde entonces.

Artículos académicos selectos sobre Gilbert

W. James King describió la relación entre Gilbert y la escolástica medieval en «The natural philosophy of William Gilbert and his predecessors», *United States National Museum Bulletin*, vol. 218 (1959), págs. 121-139. El historiador marxista Edgar Zilsel exploró la deuda de Gilbert con los artesanos en «The origins of William Gilbert's scientific method», *Journal of the History of Ideas*, vol. 2 (1941), págs. 1-32. J.A. Bennett destaca la importancia de los matemáticos prácticos en «The mechanics' philosophy and the mechanical philosophy», *History of Science*, vol. 24 (1986), págs. 1-28. Bennett también ha escrito sobre el papel de la cosmología en «Cosmology and the magnetic philosophy, 1640-1680», *Journal of the History of Astronomy*, vol. 12 (1981), págs. 165-177. Sobre la cosmología de los jesuitas, véase Martha Baldwin, «Magnetism and the anti-Copernican polemic», *Journal of the History of Astronomy*, vol. 16 (1985), págs. 155-174. Otra contribución importante fue la de Gad Freudenthal, «Theory of matter and cosmology in William Gilbert's *De Magnete*», *Isis*, vol. 74 (1983), págs. 22-37. John Henry escribió un artículo importante titulado «Animism and empiricism: Copernican physics and the origins of William Gilbert's experimental method», *Journal of the History of Ideas*, vol. 62 (2001), págs. 99-119. Otro artículo reciente de gran interés es «Old wives' tales and the new world system: Gilbert, Galileo, and Kepler», de Eileen Reeves, *Configurations*, vol. 7 (1999), págs. 301-335.

Sugerencias inmodestas

Un libro de este tipo no suele incluir notas a pie de página o una bibliografía exhaustiva. Aquellos lectores que se sientan frustrados por esta falta de citas encontrarán consuelo en mis obras más académicas. Escribí sobre la historia de la ciencia vista por Gilbert en «The history of science and the Renaissance science of history», artículo incluido en la obra *Science, Culture and Popular Belief in Renaissance Europe*, de Stephen Pumfrey,

Paolo L. Rossi y Maurice Slawinski (editores) (Manchester, Manchester University Press, 1991), págs. 48-70. Sobre la respuesta de los aristotélicos a Gilbert, véase «Neo-Aristotelianism and the Magnetic Philosophy» en la obra *New Perspectives on Renaissance Thought: Essays in the History of Science, Education, and Philosophy,* de John Henry y Sarah Hutton, editores (Duckworth, Londres, 1990), págs. 177-189. Sobre Gilbert y las teorías de la declinación, véase «"*O tempora, O magnes!*" A sociological analysis of the discovery of secular magnetic variation in 1634», *British Journal for the History of Science,* vol. 22 (1989), págs. 181-214. Sobre Kepler y otros astrónomos magnéticos, véase «Magnetical philosophy and astronomy, 1600-1650», en *The General History of Astronomy,* vol. 2, parte A, de R. Taton y C. Wilson (editores), (Cambridge, Cambridge University Press, 1989), págs. 45-53. Sobre la vida de Gilbert, véase el exhaustivo artículo «Gilbert, William», en *New Dictionary of National Biography* (Oxford, Oxford University Press). Estaré encantado de ofrecer más datos en respuesta a peticiones razonables dirigidas al sitio de internet sobre William Gilbert, en www.lancs.ac.uk/depts/history/histwebsite/whatson/research/gilbert.htm.

Índice de ilustraciones

Agradecimientos

Quisiera dar las gracias a John Schuster, cuyas clases magistrales alimentaron mi interés por Gilbert; al difunto Charles Schmitt, por mostrarme las virtudes del aristotelismo durante el Renacimiento; a Duane H. D. Roller, iniciador de los estudios modernos sobre Gilbert, y a Art Jonkers, cuya tesis me enseñó mucho sobre la navegación magnética. También quiero dar las gracias a mis compañeros del Departamento de Historia de la Universidad de Lancaster, especialmente a John Brooke, ya que ellos me han permitido disfrutar de una carrera académica mucho más agradable que la de William Gilbert.

Debo un profundo agradecimiento al equipo de Icon Books, especialmente al paciente Simon Flynn, al incisivo Jon Turney y a la eficiente Alison Foskett; todos ellos han logrado mejorar este libro y hacerlo más breve. También agradezco a Art Jonkers, Ian Stewart y Richard Cunningham que dedicaran su tiempo a leer un borrador de la obra. Finalmente, quiero agradecer a mis padres el apoyo que me han brindado, a mi esposa Dee el ejemplo que me ofrece y a mis dos pequeñas esferas de actividad, el haberme ofrecido otra cosa en qué pensar más allá del magnetismo. Por consiguiente, dedico *Latitud* a Niall y Caitríona.